SDGsは地理で学べ

宇野 仙 Uno Takeru

★――ちくまプリマー新書
413

目次 ＊ Contents

はじめに

地理講師という仕事を15年以上していると、教え子たちから「先生はなぜ地理の講師になったのですか？」と「英語とか他の教科や科目も教えられそうなのに、なぜ地理だったのですか？」とよく聞かれます。

一言で言えば「地理が一番面白いから」ということに他になりません。なぜ私にとって「地理が一番面白いのか」というと、とにかく自然から社会情勢に関することまで理文が融合した幅広い分野を扱い、しかも常に変化していて飽きることがない、また尽きることがない科目だからです。飽きっぽい性格の私にはぴったりだったのかもしれません。

教え子たちからのこの質問の真意を勝手にくみ取ると、「なぜ地理のようなマイナーな科目を教えるようになったのですか？」、「英語とかメジャーな教科や科目の方がよかったのではないですか？」という地理に対する悲観的な見方もあるように思います。

ただ、21世紀に入って時代は急速に変化してきました。それに伴い生じたさまざまな地球的課題を網羅的に解決する能力が人々には求められるようになってきました。そこには地理的視点は絶対に欠かせません。だからこそ、いっそう自分はこの時代に地理講師でよかったと心底思えるのです。

最近、巷《ちまた》にはＳＤＧｓという言葉があふれかえっています。至る所でＳＤＧｓという言葉を見かけるようになりました。

ＳＤＧｓ（Sustainable Development Goals）とは、先進国も発展途上国も含めた全世界の国々が、２０１６年から２０３０年までに達成すべき17の地球環境や気候変動に配慮しながら持続可能な暮らしや社会を営むために設定された国際目標、つまり地球が今日抱えるさまざまな課題解決のための目標です。地理という科目では、この17のすべての目標に関する内容を扱います。

17のすべての目標は、さらに細かく１６９のターゲットから構成されています。２０１５年に国連が開催した「持続可能な開発サミット」で世界１９３か国が合意、採択され、２０１６年に発効しました。

実はこの目標は、これまでの国連が定めた目標のように各国政府や自治体が旗振り役をやってお終《しま》いではなく、民間企業や私たち個人にも達成を求められている目標なのです（ただし法的拘束力はありません）。それもあって「だれひとり取り残さない」（No one will be left behind.）がスローガンにされています。

日本でＳＤＧｓという言葉を頻繁に目や耳にするようになったのは、私の感覚では２０２０年前後のように思います。そのようなタイミングもあって、新型コロナウイルス以外伝えることがなくなったテレビをはじめとしたメディア媒体は、こぞってＳＤＧｓを取り上げるようになったのではないかと思われた方もいるかもしれません。この点を完全に否定はしませんが、先ほどの内容からわかるとおり、メディアも含めたすべての企業にＳＤＧｓの達成が求められるようになってきたことが背景にあります。

法的拘束力がないのになぜ？　と思った方もいるでしょう。それは２００６年に定めた「国連責任投資原則（ＰＲＩ）」が始まりでした。「国連責任投資原則」とは、わかりやすく言えば、持続可能な開発に欠かせないＥＳＧ（環境、社会、企業統治）を重視した経営を行う企業が投資対象として優先されるべきだ、とする「ガイドライン」です。

この「ガイドライン」に拍車をかけたのがＳＤＧｓだったのです。投資家から資金を調達できなければ、企業にとっては死活問題です。とくに大企業はその厳しい目にさらされるようになりました。言い換えれば、大企業はＳＤＧｓを積極的に進めざるを得なくなったわけです。

とくに東京オリンピック開催にあたって、日本の大企業の多くがスポンサーとなりました。当然世界の厳しい目にその大企業は晒《さら》されるわけですから、日本では２０２０年前後からＳＤＧｓの取り組みが本格化したというわけです。

このような状況をＳＤＧｓの教育に携わる者として、ありがたい気持ちの半面、複雑な気持ちで視《み》ていました。

というのも、ＳＤＧｓをテーマにしたあるテレビ番組で、ＳＤＧｓのために日頃実践していることとして、ゴミの分別をあげた出演者がいました。確かにＳＤＧｓはさまざまなことに関連しますからゴミの分別もＳＤＧｓの取り組みの一つと言えばそうかもしれません。また小さなことからコツコツやることをアピールしたい出演者の気持ちもわからなくはありません。ただ、ＳＤＧｓの中身をちゃんと学習していれば、ゴミの分別

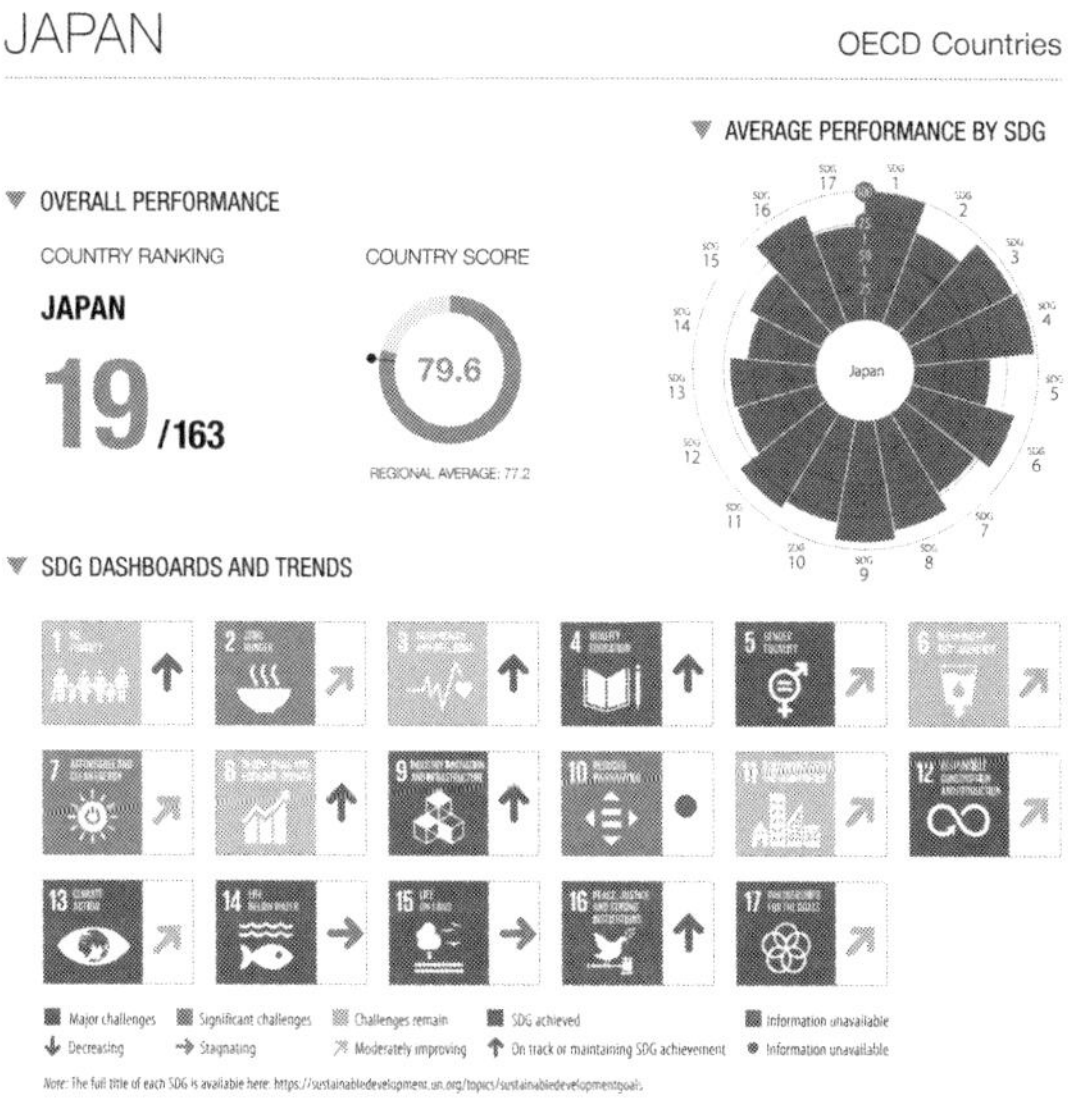

「Sustainable Development Report」（「持続可能な開発報告書」）2022年版より

などといった発言が出ることは考えにくいのです。やれることだけをやっていればよいという時代はもう終わりました。もっと積極的な生き方をしていかないと地球が抱える問題の解決にはつながりません。

それぐらい今の世界は高速で物事が動いています。その中で既に日本は周回遅れになろうとしています、いや既にそうなってしまっている分野も少なくないのです。今の日本で生活しているとくに困ることもないので、地球が抱える問題が見えにくくなっていることが背景にあるのかもしれません。

このような日本のSDGsへの取り組みの遅れや国民の意識の低さを物語る資料があります。

「Sustainable Development Report」(「持続可能な開発報告書」)の2022年版によると、日本は2017年の11位をピークに3年連続で順位を落とし、ランキング開始以来最低の19位となってしまいました。

日本のSDGsへの取り組みの状況ですが、「達成済み」とされたのは17の目標のうちわずか3目標(4 質の高い教育をみんなに、9 産業と技術革新の基盤をつくろう、16 平和と公正をすべての人に）だけです。「課題が残る」は5目標（1 貧困をなくそう、3 すべての人に健康と福祉を、6 安全な水とトイレを世界中に、8 働きがいも経済成長も、11 住み続けられるまちづくりを）、「重要な課題がある」は3目標（2 飢餓をゼロに、7 エネルギーをみんなにそしてクリーンに、10 人や国の不平等をなくそう）、そして「深刻な課題がある」とされたのは6目標（5 ジェンダー平等を実現しよう、12 つくる責任つかう責任、13 気候変動に具体的な対策を、14 海の豊かさを守ろう、15 陸の豊かさも守ろう、17 パートナーシップで目標を達成しよう）でした。

読者の皆さんはこの結果を見てどう思われたでしょう。まだ達成できていない目標の中には、日本は既に達成済みだと思っていた項目もかなりたくさんあったのではないでしょうか。正直に言えばＳＤＧｓに詳しい私ですら複数ありました。ただこれが今の日本がおかれた現状なのです。

現在、世界で成功を収めるベンチャー（スタートアップ）企業の多くは、社会問題の解決が起業のきっかけとなっています。つまり地球的課題を解決すること、ＳＤＧｓの達成を目指すことがビジネスを制することにつながっているのです。だからこそ私はＳ

DGsの内容をほぼすべて取り扱う地理を通して、若いうちから身近なSDGsにできる限り多く触れておいてほしいと強く思うのです。まず地理を通して地球的課題に関心を抱き、その上で具体的な課題解決の手段となる、語学、歴史、科学、技術、工学、芸術、数学などを学んでいってほしいのです。

本書を読んでもらうと、地理を通して見るSDGsは、これらの事柄が複雑に絡んでいることがはっきりと、またすっきりと見えてくると思います。本書をきっかけにSDGs、そして地理に多くの方が興味を持ち、ひとりひとりが社会問題の解決、持続可能な開発に主体的に貢献していけるようになることを願ってやみません。

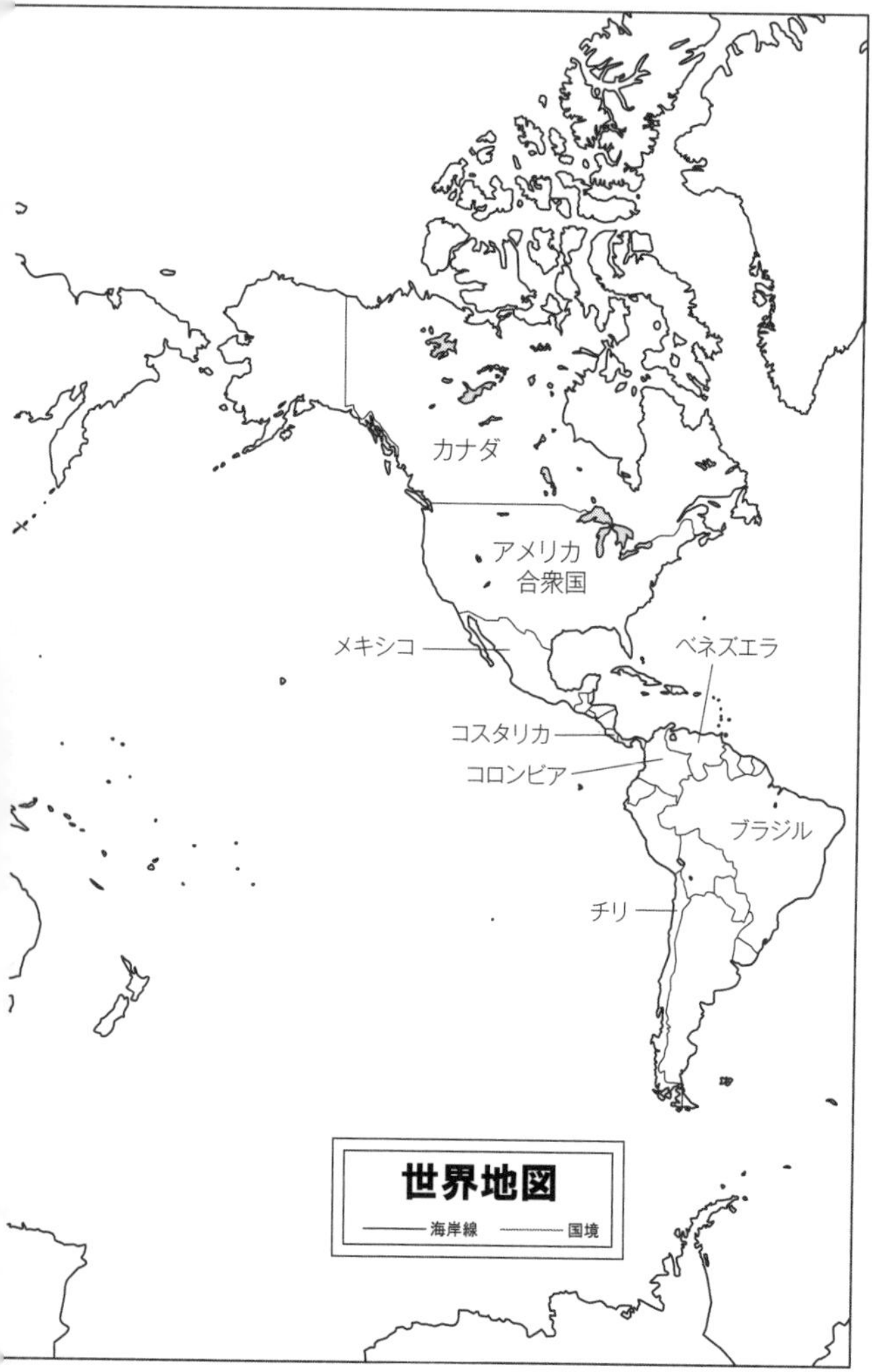
カナダ
アメリカ合衆国
メキシコ
ベネズエラ
コスタリカ
コロンビア
ブラジル
チリ
世界地図
海岸線
国境

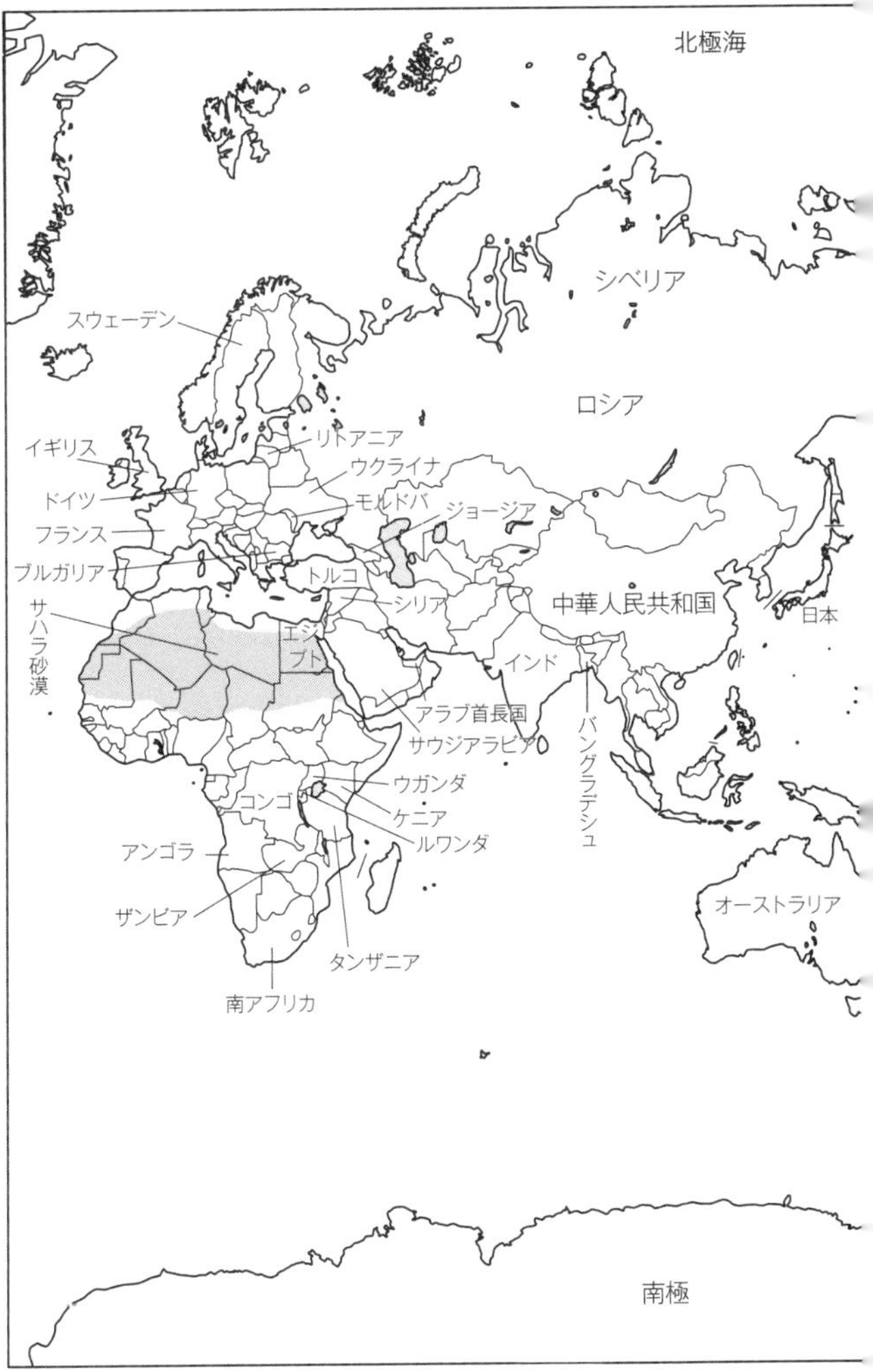
北極海
シベリア
スウェーデン
ロシア
リトアニア
イギリス
ウクライナ
ドイツ
モルドバ
ジョージア
フランス
ブルガリア
トルコ
サハラ砂漠
シリア
中華人民共和国
日本
エジプト
インド
アラブ首長国
サウジアラビア
バングラデシュ
ウガンダ
コンゴ
ケニア
ルワンダ
アンゴラ
ザンビア
オーストラリア
タンザニア
南アフリカ
南極

第1章

環境問題は国境を越える

異常気象が頻発するオーストラリア

干ばつや森林火災の発生

オーストラリアと聞くと皆さんはどのようなイメージをお持ちでしょうか。カンガルー、コアラ、グレートバリアリーフ、エアーズロック（ウルル）、オペラハウスなど……豊かな生態系や大自然など観光資源が豊富な国という印象をお持ちの方が多いことでしょう。

しかし100年いや50年後にはその印象は大きく異なったものになっているかもしれません。なぜならオーストラリアでは、今世紀に入ってから森林火災が頻発し、砂漠化やサンゴ礁の白化現象など豊かな自然環境が既に失われつつあるからです。共通する背景には地球温暖化があるといわれています。

地球温暖化が進行すると、極端な現象につながりやすいと言われています。例えば降

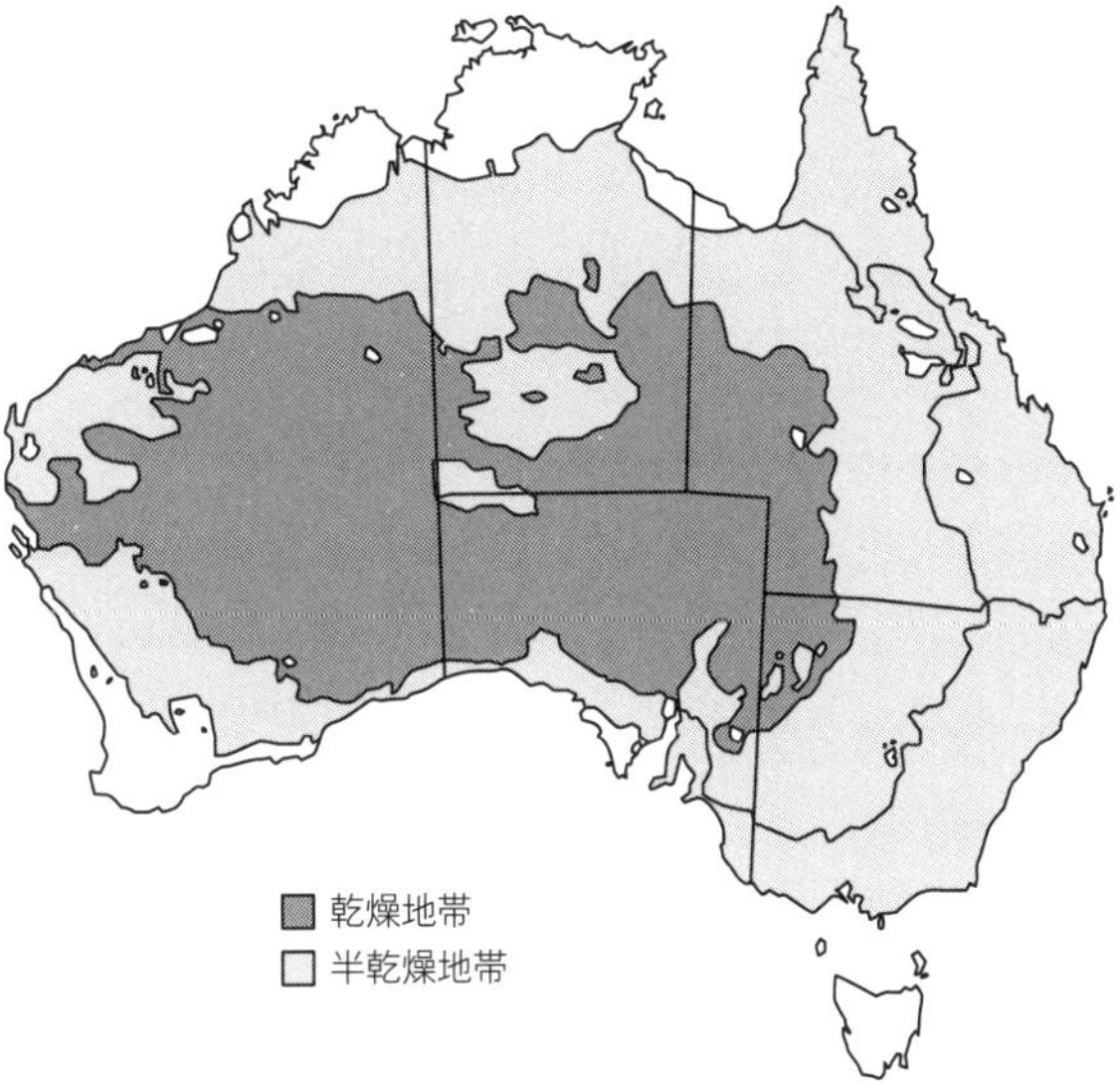

1-1　オーストラリアの乾燥地帯

水量に注目すると、これまで雨が多い場所ではより雨が多くなったり、逆に雨が少ない場所ではより雨が少なくなったりします。また、集中豪雨が頻発したり、逆に干ばつが頻発したりします。オーストラリアは「世界で最も乾燥した大陸」と言われ、国土の約6割は樹木が生えていない砂漠または草原の地です。もともとオーストラリアは降水量が少ない地域です。それゆえオーストラリアの年平均降水量は今後ますます減少傾向に向かい、干ばつが頻発するようになるだろうと言われています。既にその兆候が現れ始めています。

オーストラリアの年平均降水量は、世界平均の半分以下のわずか534㎜しかありません（世界平均：1171㎜、日本平均：1668㎜。FAO＝国連食糧農業機関「AQUASTAT」の2021年6月時点の公表データ）。オーストラリアで生産が盛んな小麦の栽培条件は、年降水量500〜750㎜が必要ですから、これ以上年平均降水量が少なくなると、小麦栽培地域は縮小、つまり生産量が減少する可能性が高いわけです。実データを見てみると、長期的には栽培技術の向上などから増加傾向を示しているものの、既に述べたように極端な現象の傾向が現れ、年度ごとの生産量の変動が以前よりも激しくなっていることが読み取れます。これだけ生産量が安定しないと、小麦栽培をやめてしまう農家も今後は増えてくると考えられます。国平均でも年降水量500㎜を下回る環境になると、近い将来にはオーストラリアの小麦生産は頭打ちとなり、いずれ減少傾向に向かうことでしょう。日本は小麦の16・8％をオーストラリアから輸入しているだけに影響は必至です（農林水産省、2016～2020年の平均流通量）。

また、2019年末から2020年はじめにかけて生じたオーストラリア東部の森林火災では、北海道（約8・3万㎢）と四国（約1・8万㎢）をあわせた、日本の国土面積の4分の1以上に当たる国土が焼失しました（約10・5万㎢）。これはオーストラリア史上最大級の森林火災となりました。この森林火災だけで、約30億の動物が被害を受け、そのうちコアラは数万匹が焼死したとされています。2022年2月に国連環境計画（UNEP）がまとめた報告書では、このまま地球温暖化や土地開発が現状のペースで進むと、大規模な森林火災のリスクが2030年までに14％、2050年までに30％、さらに2100年までに50％上昇するとしています。つまり同様かそれ以上の森林火災がオーストラリアで多発する可能性があるのです。

グレートバリアリーフが世界最大のサンゴ礁ではなくなる日

さらに、オーストラリアの海洋においても変化が生じ始めています。それは地球上で最も豊かな海洋生態系をもたらしている世界最大のサンゴ礁グレートバリアリーフにおいて「サンゴの白化現象」が進んでいるということです。「サンゴの白化現象」は、今のところ不明な点も多いのですが、要因として海水温の上昇や海洋の酸性化があります。海水温が30℃を超える状態が長期間にわたって続くと、サンゴと共生し鮮やかな色のもとになっている「褐虫藻」という藻類がいなくなり、サンゴの白い骨格が透けて見えるようになってしまいます。そしてこの白化状態が続くと、サンゴは共生していた藻類から光合成生産物をもらうことができず死滅します。言うまでもなく地球温暖化が進めば気温だけでなく海水温も上昇し、さらに温室効果ガスの二酸化炭素が海洋中に吸収される量が増え海洋の酸性濃度も上昇します。その結果、サンゴの白化現象がよりいっそう進むことが危惧されているのです。なかでも世界最大のサンゴ礁が広がるオーストラリア北東部のグレートバリアリーフは、近年サンゴの白化現象が深刻化しています。先ほ

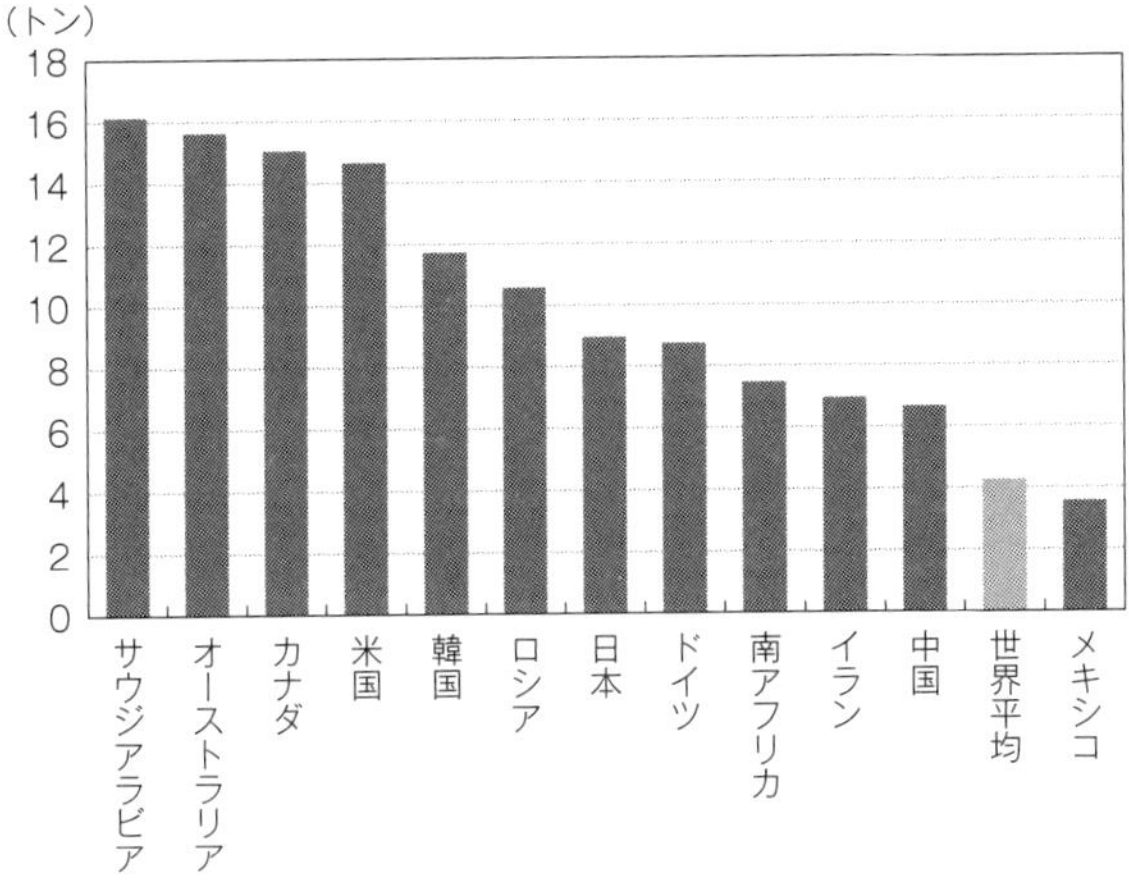

1-2　人口1人当たりの二酸化炭素排出量のランキング（IEA「CO_2 emissions statistics 2019」）

ど述べた森林火災が生じた同じ2020年には、グレートバリアリーフの約3分の1のサンゴに白化現象が見られるという報告がありました。一度サンゴが白化して死滅すると、元通りになるためには数百年から数千年の時間が必要とされます。

こうしてみてくると、オーストラリアは環境対策に積極的なのだろうと思う方がいるかもしれません。ところがこれまでのオーストラリアは、ヨーロッパと比べると明らかに環境対策には消極的でした。確かにオーストラリアは人口が約2500万人と少ないこともあって、温室効果ガスである二酸化炭素排出量では世界14位と決して多くはありません。しかし、中東産油国を除くとオーストラリアはカナダと並んで1人当たり二酸化炭素排出量は世界1、2位を争うほどの排出国です（1－2参照）。この背景にあるのは、中東産油国と同じくオーストラリアが化石燃料を豊富に有しているからです。なかでもオーストラリアは二酸化炭素を多く排出する石炭の産出量では世界4位（2018年）、同輸出量では世界2位（2018年）となっています。

ちなみに日本の石炭輸入量の約6割がオーストラリア産です。言い換えれば我々の生活はオーストラリアの石炭のおかげでもっていると言っても過言ではありません。ここ10年ほどの間に、太陽光や風力の発電コストが著しく低下したため、オーストラリアでも再生可能エネルギーの割合が上昇してきました。

しかしそれでもなおオーストラリアは安く石炭が手に入るため、現在でも発電の約8割が火力発電によって賄《まかな》われ、火力発電のうち二酸化炭素排出量が多い石炭火力発電が7割を占めています。

あくまで私の推測ですが、このような背景には、森林火災やサンゴの白化現象などを身近な問題として捉えているのが、オーストラリアの中でもひと握りの人々だからではないかと思っています。なぜなら乾燥地域が広いオーストラリアは、都市人口率が86・2％（2020年）と極めて高く、大多数の人々は不自由なく生活を送ることができる都市生活者で、大都市郊外にも大自然が残されていることから、環境の変化を身近な事柄として感じ取れている人が少ないのではないかと思うからです。

実際、以前の地球温暖化対策であった京都議定書の批准をオーストラリアは当初渋り続け、発効後の2007年になってようやく批准しました。また、2021年に開催された2030年までの地球温暖化対策のパリ協定の見直しを行う国際会議（第26回国連気候変動枠組み条約締約国会議）でも、オーストラリアを除く先進国が2050年前後までのカーボンゼロ（企業や家庭から出る二酸化炭素などの温室効果ガスを減らし、森林による吸収分などと相殺して実質的な排出量をゼロにする、カーボンニュートラル）を早々に表明する中で、会議直前になってようやくオーストラリアはカーボンゼロを表明しました。

資源産業が経済を支えているオーストラリアの苦悩が見て取れます。そのオーストラリアの資源の恩恵に日本はあずかっているという現実があります。

今後、オーストラリアと日本は、石炭から製造可能な水素やアンモニア、その製造過程で排出される二酸化炭素を回収して貯留するＣＣＳ（Carbon dioxide Capture and Storage：二酸化炭素の回収・貯留）技術などを積極的に進めていくことが期待されています。

水素の魅力は２つあります。それは、燃焼しても二酸化炭素を排出しないことと、水を電気分解するだけで得られるため無尽蔵に存在することです。その製造方法にはいくつかあり、石炭や天然ガスなどの化石燃料を原料に、高温で分解・改質して水素を製造する方法を「グレー水素」と言います。ただ「グレー」からわかるとおり、製造時に二酸化炭素が発生してしまいます。そこで、製造過程で発生した二酸化炭素を回収して地中に貯留するなどして製造された水素を「ブルー水素」と言います。さらに太陽光や風力などの再生可能エネルギーを利用して製造された水素を「グリーン水素」と言います（１－３参照）。水素の用途としては、既に普及し始めている水素を燃料とする燃料電池車も登場していますが、製鉄や発電への利用も期待されています。

アンモニアは現在、窒素を供給する化学肥料として世界的に重宝されています。アン

	製造方法	1kg当たり製造コスト
グレー水素	天然ガスなど化石燃料から製造	1ドル
ブルー水素	グレー水素の製造過程で出たCO_2を回収	2ドル以下
グリーン水素	再生可能エネルギーで製造	5ドル
イエロー水素（ピンク水素）	原子力発電で製造	2.5ドル

（出所）米エネルギー庁、国際原子力機関

1－3　水素は製造方法で呼称が異なる（日本経済新聞電子版、2022年2月14日）

モニアの現在の用途の約8割が化学肥料用です。20世紀のはじめにドイツで開発された「ハーバー・ボッシュ法」によって、水素と窒素を化合することで製造されています。大気中に窒素も無尽蔵にあるわけですから、前述のように作りだした水素があればいくらでもアンモニアを製造することができますし、もちろん燃焼しても二酸化炭素は排出されません。

そして水素より優れている利点として、これまで化学肥料として利用されてきたことから輸送や貯蔵が容易で安く済むことがあげられます。アンモニアは既存の化石燃料との混焼による火力発電などに

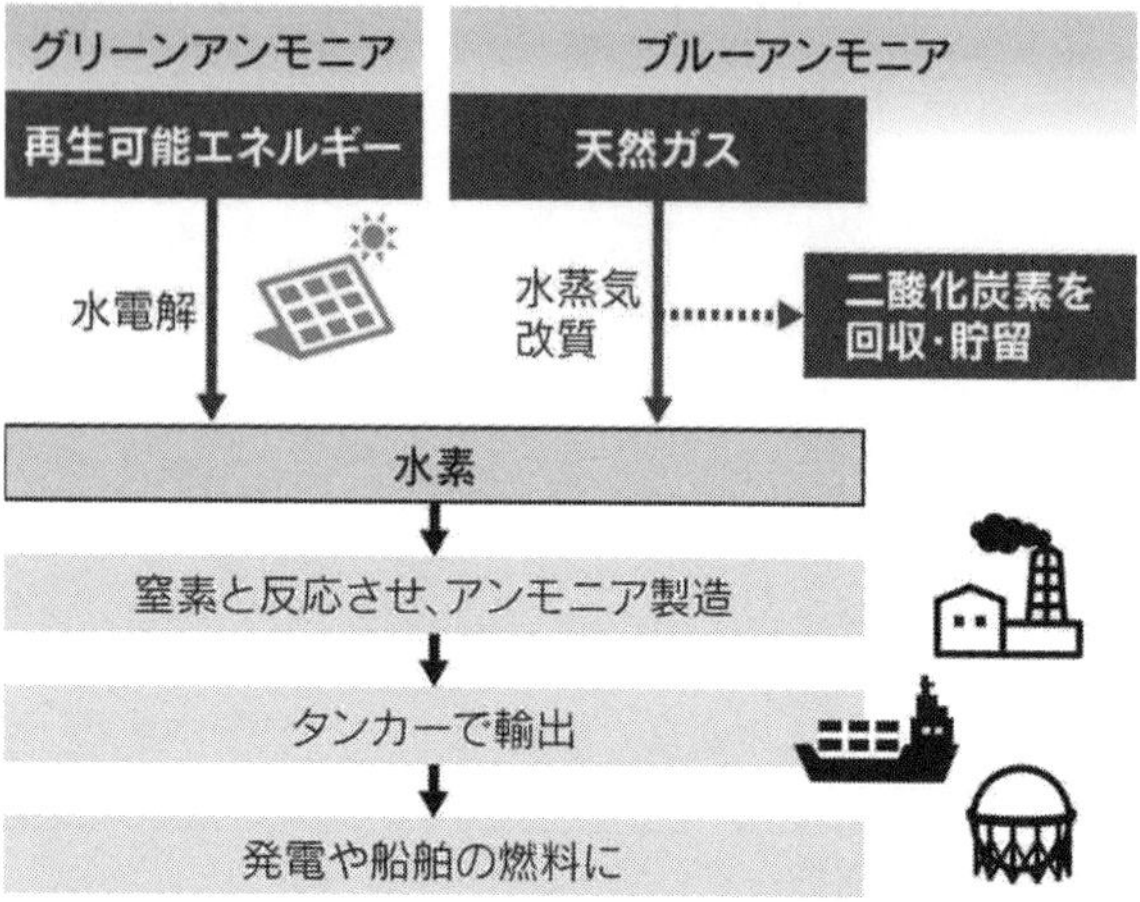

1－4　脱炭素化したアンモニアの供給網のイメージ（日本経済新聞電子版、2021年7月8日）

利用されることが期待されています（1－4参照）。

水素とアンモニアに共通している課題はその製造コストです。水素の場合、二酸化炭素を排出しない方法で、1kg当たり1ドル以下で製造することができるようになれば商業化が見込めるそうですが、現時点では難しいのが実状です（1－3参照）。製造コストを低減させるためには、製造規模の拡大つまりは普及の拡大につながっていかないことにはどうにもなりません。とくにロシアのウクライナへの軍事侵攻によって世界的に火力発電用の燃料となる化石燃料の調達が難しくなっている今こそ、水素やアンモニアの普及を進める大きなチャンスです。そのためには政府が炭素税や補助金などを活用できるようにして、上手に水素やアンモニアの利用へ誘導していくことが重要となります。そこに各国政府の水素やアンモニアの普及への本気度を見ることができると言っても過言ではないでしょう。

グローバル化が進んでいる今日、オーストラリアが抱えつつある環境問題、自然災害は日本にとって決して対岸の火事ではないですし、だからこそ地球温暖化対策はすべての国・地域が結束・協力して行っていかなければなりません。そしてまたその対策が実行力は、他地域の環境問題や自然災害を自分たちの身近な将来の出来事として捉えることができるか、私たち一人一人の想像力や共感力にかかっているのかもしれません。

深刻な大気汚染の原因

ＰＭ２・５による健康被害

２０２０年２月、中国の首都北京の空には青空が広がっていました。新型コロナウイルスの影響から大都市の多くがロックダウンされ、工場も操業停止、自動車も激減するなど生産活動が止まったためです。例年寒さが厳しいこの時期は、青空が広がることはほとんどなかったそうです。

10年ほど前から大気汚染を表す指数としてＰＭ２・５という言葉を耳にするようになりました。そして必ずと言っていいほど、ＰＭ２・５と中国はセットで報道され、経済成長による深刻な大気汚染として報道されてきました。ただ中国のＰＭ２・５による健康被害は、今に始まったことではないのです。

ＰＭ２・５とは、２・５㎛（マイクロメートル）以下の微小粒子状物質を指します。

人間が目で見える限界は100㎛前後と言われますから、人間の目では確認できないほどの小さい物質です。ちなみに人間の髪の毛の太さが0・1㎜（100㎛）前後、花粉は30㎛前後ですから、いかに小さいものかがわかります。PM2・5にあてはまる極小の物質は、人間が吸い込むと、肺の奥にまで到達し、深刻な呼吸器系の疾患を引き起こします。これらの物質は、自動車や工場が使用する化石燃料の燃焼によって排出されるものも多いですが、タバコの煙や火山噴火による粉塵《ふんじん》なども当てはまります。

そして中国北部の場合には、もうひとつPM2・5を深刻化させているものがあります。それが砂漠土です。実は風で飛ばされる砂漠土は、PM2・5にあてはまる微粒子物質の代表例なのです。中国北部では冬季に吹き付ける北西からの季節風によって、中国とモンゴルの国境付近にあるゴビ砂漠からの砂や土が東方の中国北部に飛散しやすくなります。ちなみにこの砂や土が日本まで飛ばされてくるのが黄砂《こうさ》です。

なぜ中国は冬、インドは秋に深刻化するのか

さらに中国北部は冬の寒さが厳しいため、「暖気《ノワンチー》」と呼ばれる集中暖房システムがほ

とんどの建物に設けられています。建物に併設されたボイラーから温水を建物内のパイプに流して、各部屋を暖めます。私には大変懐かしく感じられます。中国の「暖気」と同じ集中暖房システム（セントラルヒーティング）が私の地元の北海道にもありました。学校の各教室に同じように温水が通るジャバラ状のゴツゴツした銀色の塊が窓側に必ず設置されていました。小さいお子さんがいるご家庭で冬場使われる大きめのオイルヒーターのようなものを想像していただければよいかもしれません。現在はもっとスタイリッシュな薄いパネル状になったと聞いています。

当時は銀色の塊の横に付いている取っ手を回しながら温水が通る量を調節し、室内の温度調整をするのですが、大人でもなかなかうまくいかず、外が猛吹雪の中、教室では私を含めた子どもたちはみんな半袖で過ごしていたのを覚えています。そのことがもしかしたら、「北海道は冬でも半袖で過ごす」みたいなイメージを与えることになったのかもしれません。

話は中国の「暖気」に戻りますが、温水をつくるためのボイラーの燃料源は石炭です。そのため、冬場になると石炭の燃焼によって、微粒子状の大気汚染物質が大量に排出され、これがさらにＰＭ２・５による被害を拡大している要因です。

ただ最近は中国のＰＭ２・５の深刻な状況を耳にする機会は減ってきました。それは中国政府が２０１０年代後半から冬季に悪化する大気汚染への対策を講じてきたことがあります。北京、天津をはじめとする中国北部の大都市を重点地域に指定し、排ガス基準をクリアできない工場などに対して閉鎖や生産停止を強制し、「暖気」の熱源を石炭から天然ガスに切り替えるというものです。ただこの天然ガスは、日本にとっても大変重要な資源なのです。

天然ガスの需要が急拡大

２０２０年まで世界最大の液化天然ガス輸入国は日本でした。実は日本も中国と同じく大気汚染が深刻だった高度経済成長期の１９６０年代以降、液化天然ガスの輸入を拡大してきました。天然ガスは他の化石燃料の石炭や石油と比べて、燃焼時に硫黄酸化物や窒素酸化物の排出が極めて少ないため大気汚染につながりにくいからです。また、温室効果ガスである二酸化炭素の排出量も少ないことから、脱炭素の燃料として現在世界的に需要が急拡大しています。

ただ天然ガスは「ガス＝気体」なので、輸送・貯蔵・供給には技術力が必要です。そのため一朝一夕で天然ガスの輸入・供給を増やすことは難しいとされています。例えば、天然ガス生産国から遠く離れ、他国と陸地で接していない日本は、天然ガスをLNG（液化天然ガス）船を用いて輸入しています。天然ガスは液化すると体積を約600分の1まで縮小できるため、天然ガスを効率よく運ぶためには液化するのがベストだからです。しかし、天然ガスを液体にするにはマイナス162℃超の冷凍状態を保つ必要があるため、輸送費が高くついてしまう問題があります。そのためできる限り近距離から輸入することが重要となります。

そうなると、中国も日本と同じ地理的位置にあるため、天然ガス輸入国として競合することになります。確かに中国は天然ガスの大産出国であるロシアと陸で国境を接しているので、一見するとロシアからパイプラインを使ってたくさん輸入できると思われるかもしれません。しかし、ロシアの天然ガス産出地はヨーロッパ寄りに偏在しており、中国へのパイプライン網は建設段階で完成していないものが多いことや、政治的な駆け

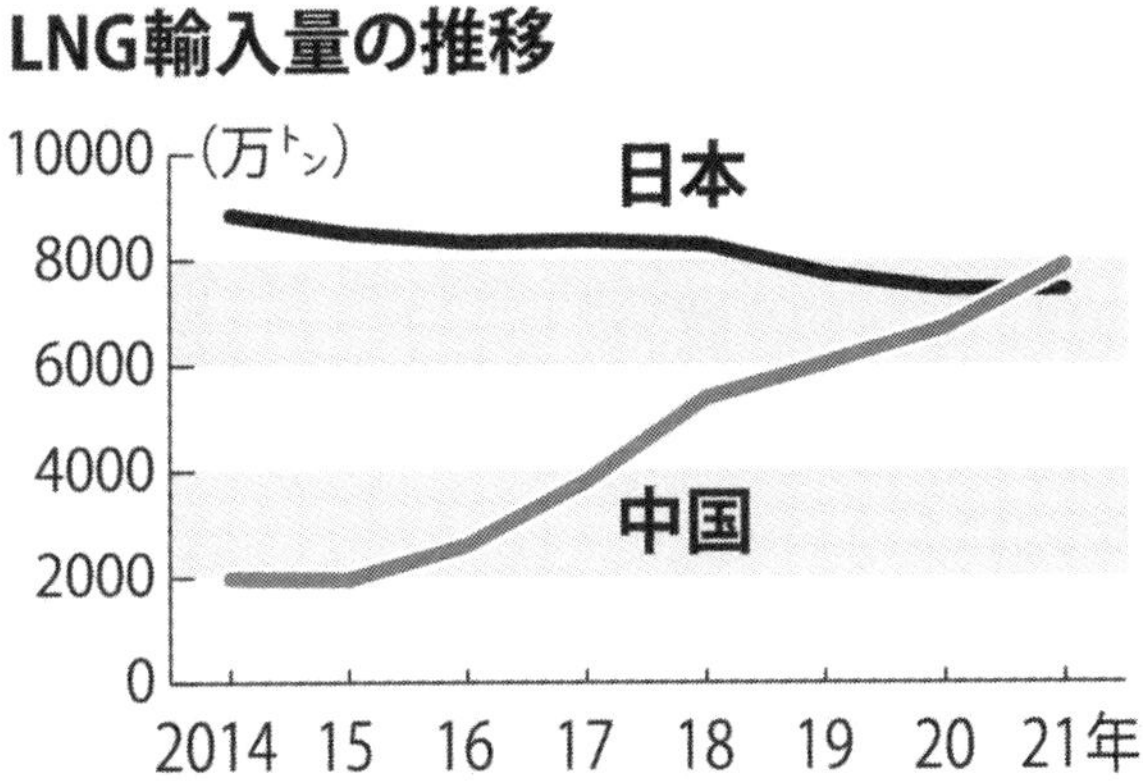

1－5　中国のLNG輸入量は2021年に日本を抜いて世界1位に。（毎日新聞提供）

引きで天然ガス価格を上げ下げするロシアに翻弄されたくないため、中国をもってしても容易にロシアからの天然ガスの輸入を増やせないという事情があります。

1－5を見るとわかるとおり、2021年にはついに日本を抜いて中国が世界一の液化天然ガス輸入国になりました。日本は天然ガスを中国など他の国に買い負けないためにも、調達を民間企業任せにするのではなく国を挙げた安定供給策が求められます。そしてこの天然ガスも有限であり、クリーンエネルギーとはいえ二酸化炭素は確実に排出されます。脱炭素を目指す持続可能な社会の実現には、化石燃料ではなく再生可能エネルギーへの転換も同時に求められます。

急速な経済成長と共に汚染が進むインド

その中国に代わって、現在最も深刻なPM2・5の被害が見られるのがインドです。世界大気汚染都市ランキング（1－6参照）でも、ワースト30都市のうちなんとインドの都市だけで21都市を占めています。

インドも中国から遅れて近年急速な経済成長を遂げていることが最大の要因ですが、インドには特有の事情があります。そのひとつが「緑の革命」以後、活発化した野焼きです。「緑の革命」とは、1960年代半ばから人口爆発による食料不足を解消するために、米や小麦など穀物の高収量種の開発・普及を目指した世界的な取り組みです。

インドはこの「緑の革命」のおかげで米や小麦の増産に成功し、米においては現在世界一の輸出を誇るまでになりました。ただ「緑の革命」の際に導入された米の高収量種の栽培には、水を多く必要としました。インドの北部は南部に比べて降水量が少なく、米の栽培には灌漑《かんがい》（耕地へ人工的に水を引くシステム）の整備が欠かせませんでした。と

順位	都市	2021年の月平均
1	ビワディ（インド）	106.2
2	ガーズィヤーバード（インド）	102
3	ホータン（中華人民共和国）	101.5
4	デリー（インド）	96.4
5	ジャウンプル（インド）	95.3
6	ファイサラーバード（パキスタン）	94.2
7	ノイダ（インド）	91.4
8	バハーワルプル（パキスタン）	91
9	ペシャワール（パキスタン）	89.6
10	バグパット（インド）	89.1
11	ヒサール（インド）	89
12	ファリーダーバード（インド）	88.9
13	グレーター・ノイダ（インド）	87.5
14	ロータク（インド）	86.9
15	ラホール（パキスタン）	86.5
16	ラクナウ（インド）	86
17	ジンド（インド）	84.1
18	グルガーオン（インド）	83.4
19	カシュガル（中華人民共和国）	83.2
20	カーンプル（インド）	83.2
21	ムザファルプル（インド）	82.9
22	ヴァーラーナシー（インド）	82.6
23	サヒワル（パキスタン）	81.7
24	ブランドシャール（インド）	80.8
25	メーラト（インド）	80.6
26	カダウラ（インド）	80.3
27	パトナ（インド）	78.2
28	ダッカ（バングラデシュ）	78.1
29	ンジャメナ（チャド）	77.6
30	ダルヘラ（インド）	76.9

1－6　PM2.5年間平均濃度（$\mu g / m^3$）に基づく最も汚染された都市のランキング（世界の大気質レポート2021）

ころが地下水を用いて灌漑整備を進めた結果、地下水の過剰揚水によって地下水資源の減少や地盤沈下が深刻化してしまったのです。そこでインド政府は、北部地域（パンジャブ州・ハリヤナ州）では水を大量に取水する田植えの季節を6、7月に限定し、その代わりに冬場は同じ土地で小麦の栽培を行う二毛作を推奨してきました。11月初旬の小麦の種まきの前には、米の収穫を終え耕地に残った稲穂を取り除かなければなりません。その際手っ取り早い稲穂の除去方法が野焼きなのです。この野焼きは9月下旬から10月頃にかけて行われるため、大量の大気汚染物質が排出されます。

そしてもうひとつが、インド国民の約8割が信仰するヒンドゥー教の祭日が、同じ10月から11月にかけてあることです。ヒンドゥー教徒は、ヒンドゥー教の祭日「ディワリ」の前後に花火や爆竹で祝う習慣があります。この花火や爆竹の煙に含まれる微粒子状の物質も実はＰＭ２・５です。さらにこの時期は、冬に強く吹く北東季節風がまだ弱いため、大気汚染物質が拡散しにくく、人口が集中する都市周辺の上空に滞留してしまうのです。

インド政府は、近年野焼きへの罰金や「ディワリ」の時期の花火や爆竹の販売禁止を行うまでになっています。経済成長による大気汚染の深刻化が、人間の健康だけでなく、人々の拠《よ》り所である生活や宗教的慣習をも非持続的なものにしようとしているのです。取り締まるべきは何なのか、社会全体での対策が急がれます。

シベリアで「爆発」して増加する窪地

温暖化の影響で永久凍土が融解

ロシアの「シベリア」と言えば、酷寒の地の代名詞でもありました。ところが、この地で異変が起こっています。シベリアでは今、クレーター状の窪地《くぼち》が大規模な爆発とともに出現しているのです。もちろんこれらのクレーターは、決して隕石《いんせき》の衝突によるものではなく、背景にあるのは地球温暖化と言われています。

そもそもなぜシベリアのような酷寒の地で、タイガと呼ばれる大規模な針葉樹林が広がっているのでしょう。実はシベリアは気温が低いだけでなく、植物の生育に必要不可欠な降水量も少ないのです。一般に年降水量が500㎜を下回ると樹木は見られなくなると言われていますが、この地にあるヤクーツクは、年降水量が234・0㎜ととても少ないのです。ヤクーツクの最も降雨の多い7月の平均降水量は45㎜程ですが、これは

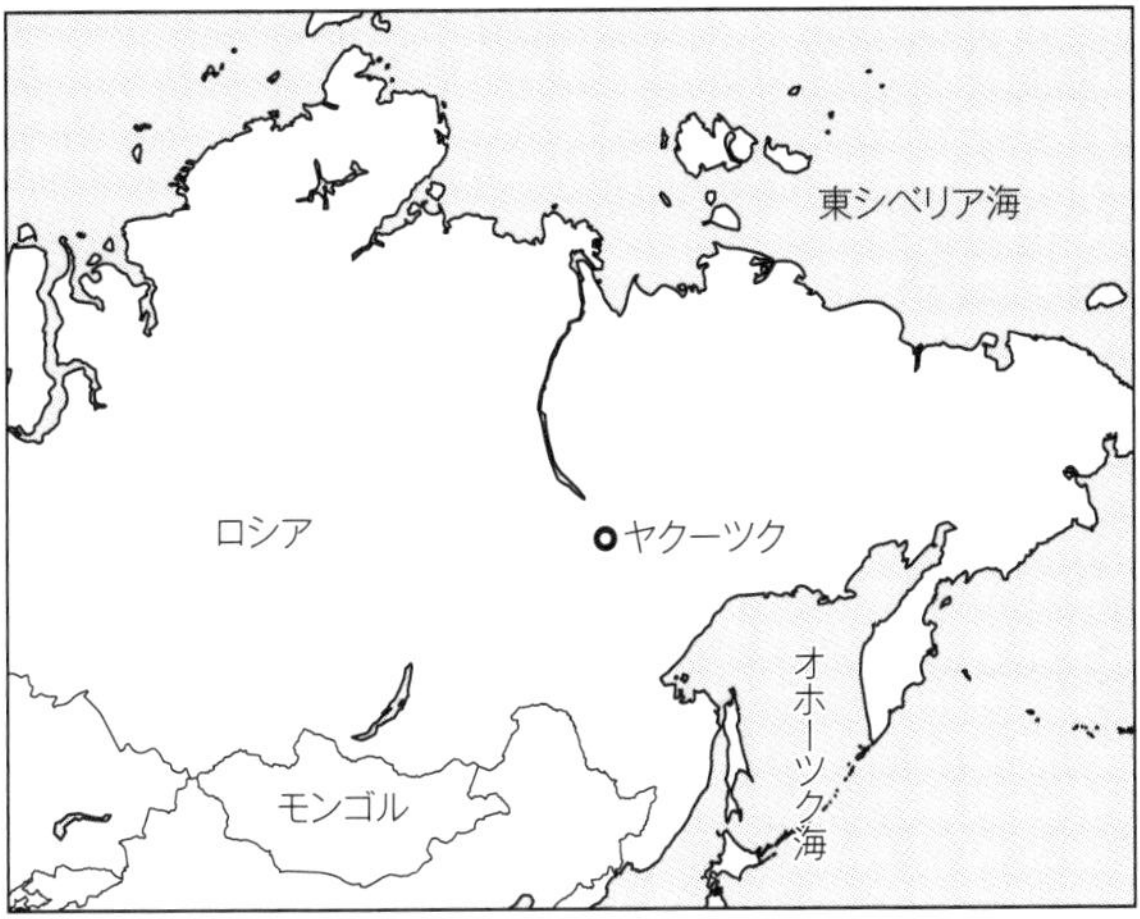

1−7　ヤクーツク

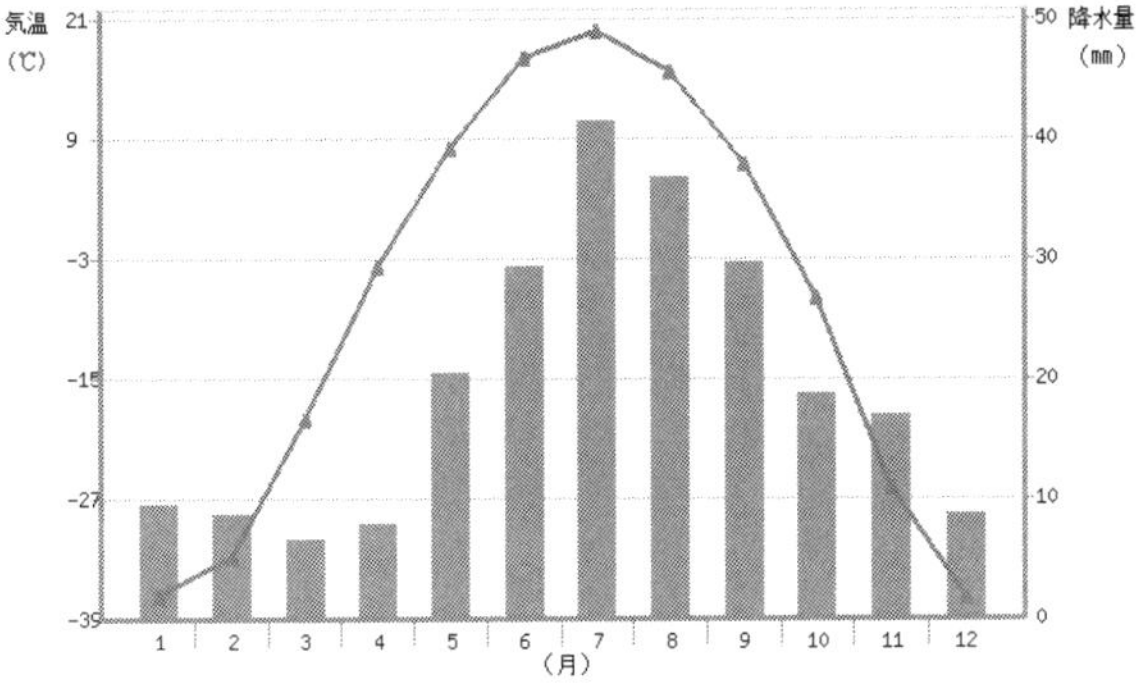

1−8　ヤクーツクの月別平均気温と降水量（気象庁）

東京都で最も降雨の少ない1月の平均降水量48㎜を下回っています。

それでも針葉樹が生育できるのは、地下にある永久凍土のおかげです。この永久凍土には2つの機能があります。ひとつは、地中にある永久凍土が「容器の底」となり、降水を地表から永久凍土の間に貯水することです。もし永久凍土が存在しなければ、いずれ降水は地下水となって排出されてしまいます。もうひとつは、夏季になるとシベリアの地でも気温が上がるために、地表に近い永久凍土の一部が融解して、土壌に水分を供給するという機能です。つまりこれまでは、永久凍土を維持するための地温（地中の温度）は絶妙なバランスの上に成り立ってきたのです。

ところがこの永久凍土の融解が近年急速に進んでいるのです。その要因は2つあって、まずひとつに輸出用の木材として針葉樹が大量に伐採されていることがあります。その結果、これまで地表を覆っていた針葉樹がなくなったことで、太陽光が直接地表を照らすようになり、地温が上昇しやすくなってしまうのです。こうして永久凍土の融解が進んでいます。

そしてもうひとつが地球温暖化です。直射日光が地表を照らさなくとも気温上昇だけ

1－9　バタガイカ・クレーター（C）Nasa

で既に永久凍土が溶け始めているのです。永久凍土が融解すると、次第に地盤が沈下し地表に窪地が現れます。ちなみにこのようにして形成された窪地を「サーモカルスト」と言います。この名前の由来は、「サーモ」が「熱」、つまり温度上昇を意味し、そして「カルスト」、つまり石灰岩は雨水等によって溶けて地表には窪地ができます。それがカルスト地形です。ヤクーツクから北北東に約660kmのところにあるバタガイカ・クレーターは直径1km、深さ86mにもなるサーモカルスト窪地です（1－9）。

温室効果ガスのメタンが放出される

また、もうひとつ厄介なことがあります。永久凍土の下には、二酸化炭素の約25倍の温室効果があるメタンが存在しています。このメタンは、もともと地表を覆っていた植物などの有機物が長年にわたって炭化して蓄積されてきたものです。これまで永久凍土は「容器の蓋《ふた》」となり、メタンが大気中に放出されるのを防いできました。しかし、森林伐採や地球温暖化によって永久凍土が融解すれば「容器の蓋」がなくなり、温室効果ガスが大気中へ大量に放出されてしまいます。ちなみにメタンは二酸化炭素に次ぐ量を誇る人為起源の温室効果ガスです。既述の「クレーター」は、可燃性ガスでもあるこのメタンに何らかの要因で引火してできたものと考えられています。

こうして見てくるとわかるとおり、シベリアの針葉樹林の生育を支えていた永久凍土の貴重な水資源が今まさに地球温暖化によって喪失されようとしているのです。今後ますます地球温暖化によって気温が上昇すれば、シベリアの針葉樹林が消滅する日が近いかもしれません。そしてまた地球温暖化を助長するメタンの放出が同時に始まっています。悪循環への扉が開いてしまったのかもしれません。

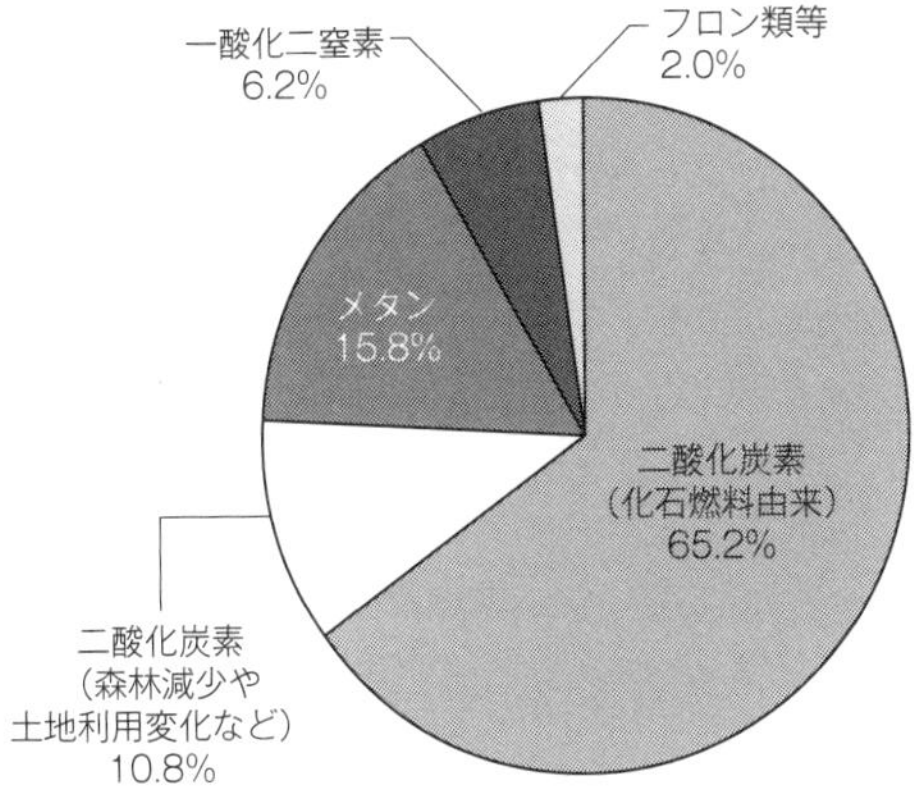

1－10　人為起源の温室効果ガスの総排出量に占めるガスの種類別の割合（2010年の二酸化炭素換算量での数値、IPCC 第5次評価報告書より）

1－11　ロシア北西部のヤマル半島では巨大なクレーターが。iStock.com/AleksandrLutcenko

「熱い」北極と南極

アメリカがグリーンランドの買収を検討する理由

アメリカ合衆国は、トランプ政権時代の2019年にグリーンランドの買収を検討していると発表しました。グリーンランドはデンマークの自治領ですから、当然、デンマークは猛反発しました。グリーンランド島の西北西のカーナック（チューレ）には、アメリカ空軍の基地があります。この場所は北極圏にあり、米ソ冷戦時代、ソビエト連邦に対して睨《にら》みをきかす軍事上極めて重要な位置にあったことが背景です。アメリカ合衆国は、第二次世界大戦終結直後の1946年にもデンマークに対してグリーンランドの買収を打診しましたが拒否されています。

ただ今回のアメリカ合衆国のグリーンランド買収計画案は、軍事的要衝というよりも、経済的利権という意味合いが強いと思われます。その背景にあるのは、地球温暖化です。

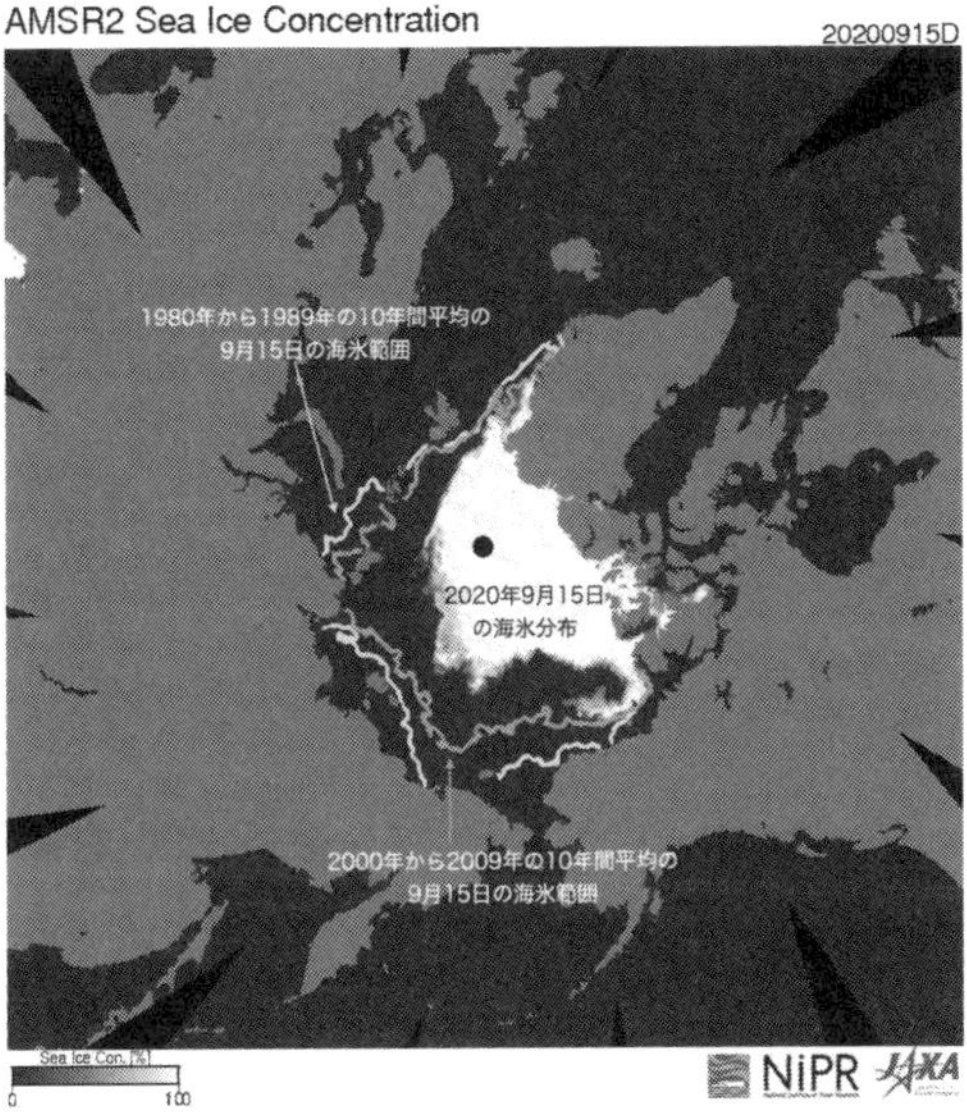

1－12　最小期の海氷分布。白い部分が2020年9月15日の海氷。2つの線は、1980年代平均、2000年代平均の海氷の縁を示す。（北極環境総合情報WEBより）

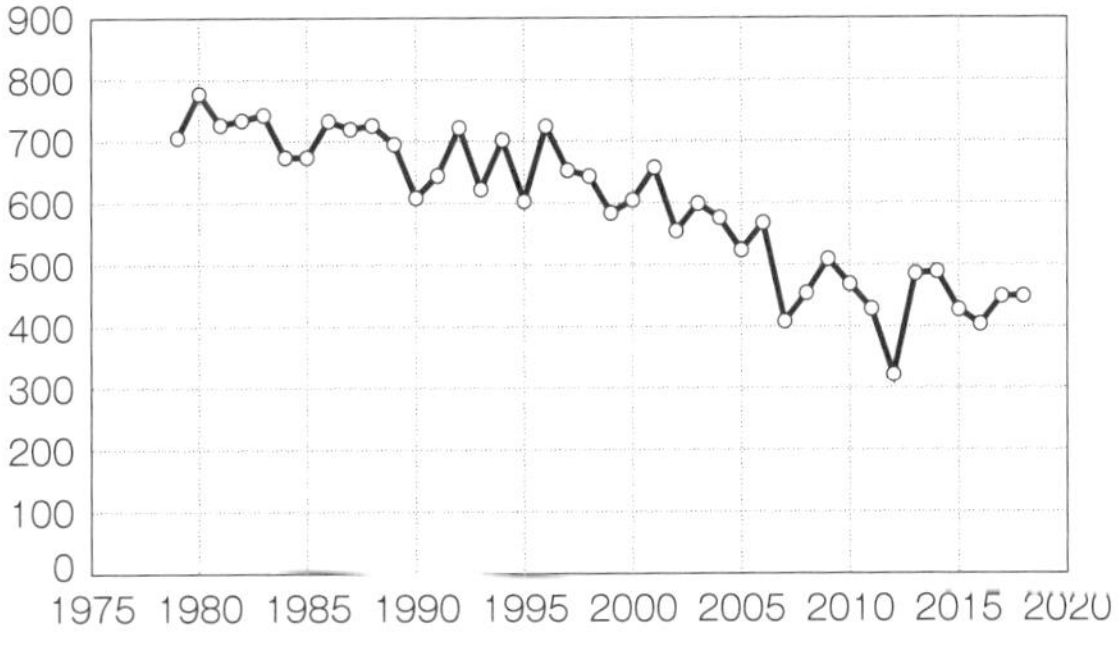

1－13　北極海の最小海氷面積グラフ。単位は（万平方キロメートル）緩やかに減少し続けている。（提供：国立極地研究所）

1－12、13を見るとわかるとおり、近年地球温暖化の影響から海岸近くまで北極海上の海氷が急速に融解し、海氷面積が減少しています。

これまでは夏を除き海岸近くまで氷に覆われていたため、年中通して船の航行は困難でした。しかし、現在は冬でもロシア沿岸に海氷が接岸する期間は短くなり、1年を通して北極海を通航できる航路が可能となってきました。この北極海航路が確立すると、東アジアから西ヨーロッパまで行く移動距離は大幅に短縮します。これまで日本から西ヨーロッパに向かう航路は、政情不安定な中東地域や東アフリカ地域を通ってスエズ運河を経由するルートか、パナマ運河を経由して大西洋に出てヨーロッパに向かうルートか、のいずれかでした。

スエズ運河を経由する場合、東アジア―ヨーロッパ間は約2万1000㎞でしたが、北極海航路を使うと約1万3000㎞と移動距離が約3～4割も短くなります。そうすると、燃料代が安く済むことになるので、北極海航路を使う船は間違いなく増えていくと予想されています（1－14参照）。

ただし現在のところ、多少の氷に囲まれても耐えうる特殊仕様の船舶にするための建造費が高くついたり、ロシア政府が北極海沿岸を航行する船舶に対してロシアの砕氷船の先導を義務づけているため追加費用がかかったりするので、一概に輸送費も3～4割減るということにはなりません。ちなみになぜロシアの砕氷船の先導が必要かというと、海洋の国際法である国連海洋法条約の234条に、「「氷で覆われた水域」は沿岸国が環境面を配慮して規制を導入することができる」とあるからなのです。ただもちろん近い将来、北極海沿岸が年中「氷で覆われた水域」でなくなれば、ロシアの砕氷船の先導は必要なくなります。

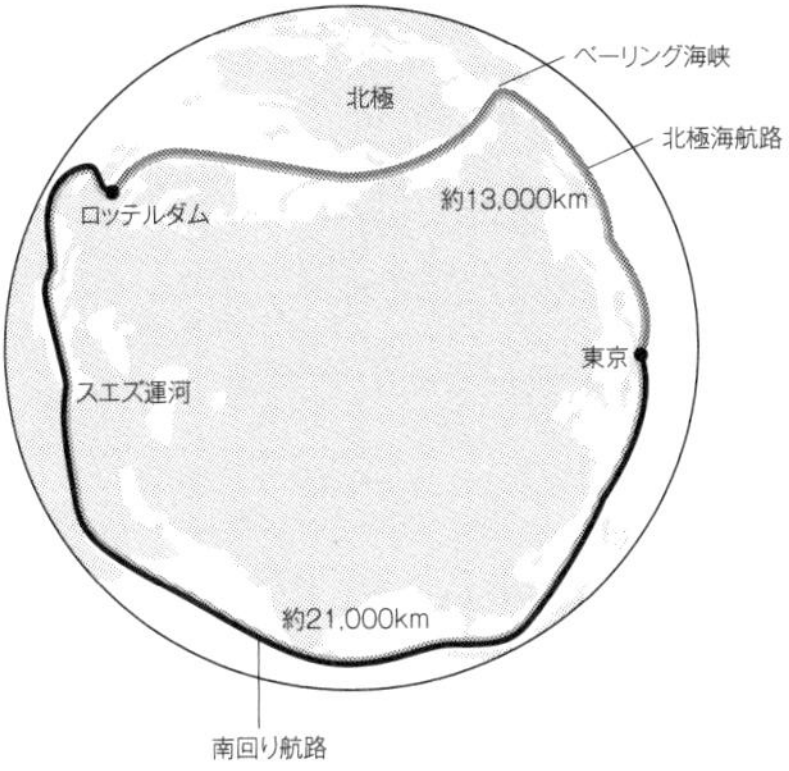

1-14　北極海航路（NASAによる航路図より作成）

資源開発に注目が集まる

また、もうひとつはエネルギー資源や鉱物資源の存在です。USGS（米地質調査所）によると、北極圏には世界で未発見の天然ガスの30％、石油の13％が埋蔵しているとされ、そのうちの多くがこれまで海氷の影響から開発困難であった北極海の大陸棚に存在していると言われています。そして海底だけでなく、これまで大陸氷河に覆われていたグリーンランドでも資源開発に注目が集まっています。

なかでもレアアースと呼ばれる資源です。レアアースとは、化学的性質が似ている17の元素からなる分離しにくいレアメタルの総称です。

レアメタルとは、「レア」なので埋蔵量が少なかったり、採掘が難しかったりする鉱物資源で、多くの場合、偏在性が高いため供給不安が生じやすくなっています。レアアースは、近年需要が拡大を続ける電気自動車や風力発電に欠かすことができないモーターの磁石の素材や、パソコンやスマートフォンの記憶装置であるハードディスクドライブ（ＨＤＤ）用のガラス基板の研磨剤など、様々なハイテク機器に用いられるので、関連企業にとって安定供給は必要不可欠です。しかし現在のところ、レアアースは中国だけで世界の約80％を生産しています（２０１９年）。そのため過去には、中国が尖閣《せんかく》諸島の国有化をめぐって日本と対立した際には、レアアースの日本への輸出を禁じるなど、供給不安の問題を起こしてきました。

北極海路をめぐる熱い闘い

話はグリーンランドに戻りますが、グリーンランドのレアアースの埋蔵量は世界最大級とされています。つまり採掘コストが低減すれば、中国を超えるレアアース産出地域になる可能性を秘めているのです。既に中国最大手のレアアース採掘企業が開発に名乗りを上げるなど、冒頭のアメリカ合衆国も含めてグリーンランドや北極海航路をめぐる熱い闘いが始まっています。

ちなみに日本にとっても北極海は重要です。既述のとおりヨーロッパまでの輸送距離短縮といった経済性はもちろんですが、エネルギー資源の安全保障上において重要です。政治情勢が不安定な

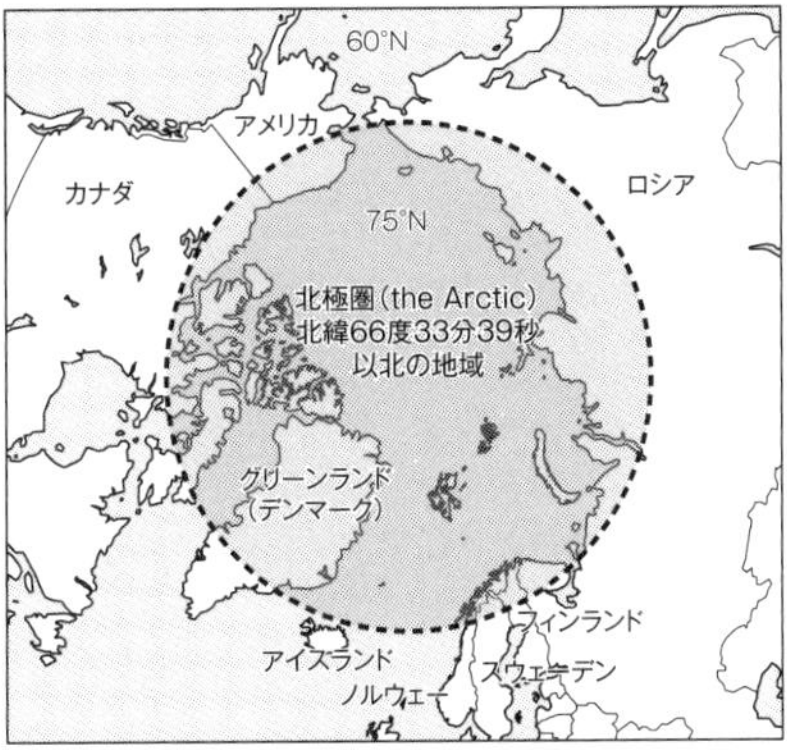

1－15　北極圏の資源が注目されている

中東諸国から原油や天然ガスを輸入するより、ロシア西部やノルウェーなどから北極海経由で輸入することが可能になれば、輸入相手先の分散化につながり、エネルギー資源供給の安定化にもつながります。

また、日本など東アジアから北極海に向かう船舶が付近を通過することになる北方領土を含む千島列島は、今後北極海航路にとって重要な場所になってきます。既にロシアは、北方領土に外国企業を誘致するための税金を優遇した経済特区を設けると発表しました。このことからもわかるとおり、ロシアとの領土問題の解決は急務です。ただ私たちが忘れてはならないのは、人類にとって地球温暖化によって得られるものよりも失われるものの方が多いということです。

「南極は誰のものか」の再燃

今後、同様の話が南極大陸でも盛り上がりを見せてくるかもしれません。なぜなら現在、南極大陸の資源開発を禁じている「環境保護のための南極条約議定書」(通称南極条約)がありますが、締約国が延長に合意しないと２０４８年に失効することになるからです。南極大陸の魅力はなんと言っても鉱産資源です。南極大陸は、鉱産資源が豊富なアフリカ大陸やオーストラリア大陸と地続きだった歴史を持つことから、同様に豊富な鉱産資源の埋蔵の可能性が高いとされています。そうなれば、各国がこぞって南極大陸の資源開発に動き出す可能性が出てきます。既に失効後を見据えて、動きをとる国も見られ始めています。

地球温暖化対策をどうするか

パリ協定とは何か

「地球温暖化」という言葉は、耳にする機会が本当に増えました。ただ、今から30年程前の1990年代は、まだまだ地球温暖化に対して懐疑的な見方をする意見も多くありました。しかし、現在では地球温暖化を否定する意見はほとんど聞かれなくなっています。もちろんこれは地球温暖化を肯定する科学的データに基づいたエビデンスが積み上がってきたことも間違いありませんが、多くの人々が日常生活の中で地球温暖化を実感する機会が増えたからと言っても過言ではありません。

2020年以降の地球温暖化対策として、パリ協定がありますが、以前の地球温暖化対策であった京都議定書(2005年発効)を引き継いだものです。2016年に発効されたパリ協定には、京都議定書にはなかった優れた点が2つあります。

まずひとつが地球全体での気温の上昇抑制目標が定められたことです。具体的には産業革命以前と比べて、平均気温の上昇を2℃未満にすること、できれば1・5℃以下にすることとです。ただし具体的な達成時期は明記されていません。地球温暖化の対策ですから、これまで地球全体の目標がなかったことが不思議なくらいです。なぜ「2℃」なのかというと、現時点の環境技術では1・5℃以下の上昇に抑えるにはどんなに世界各国が努力をしても達成が困難であること、また2℃を超えてくると、科学的に人類を含めた地球環境への悪影響が顕在化してくること、とされています。

そしてもうひとつが、パリ協定を批准するすべての国が温室効果ガスの排出削減目標を提出し（5年ごとに目標を更新し提出）、達成のための努力を義務づけていることです。京都議定書では、先進国のみに温室効果ガスの排出削減目標とその達成が義務化されました。そのため、京都議定書は批准していたものの、発展途上国の扱いであった中国には排出削減目標も達成義務もありませんでした。これに対して異を唱えたのが、先進国のアメリカ合衆国でした。アメリカ合衆国は、発展途上国だからといって大量排出国に排出削減義務がないのはおかしいし、また排出削減目標を受け入れると自国の経済発展を阻害するとの理由から、早々に京都議定書を批准せずに離脱しました。

したたかなEU戦略

そこで「ポスト京都」と呼ばれるパリ協定では、現在、世界最大の排出国となった中国と世界第2位の排出国であるアメリカ合衆国を含めた地球温暖化対策を進めることが絶対条件となりました。確かに中国とアメリカ合衆国のたった2か国で、世界の人為起源の二酸化炭素排出量のうち約40％を占めるわけですから、この2か国を含めて地球温暖化対策を進めないわけにはいきません。アメリカ合衆国はトランプ政権時に一旦離脱を表明しましたが、現在のバイデン政権になって再びパリ協定に復帰することが発表されました。

1－16はパリ協定がスタートした2020年時点に各国が表明している目標です。この表を見ると、各国・各地域の基準年や排出削減目標値が実にさまざまであることがわかります。そして表からわかるとおり、各国・各地域は排出削減量が少しでも大きく見えるように基準年を選んでいることがわかります。これが「大人のやり方」です。その

国名	1990年比	2005年比	2013年比
日本	▲18.0%	▲25.4%	削減目標 ▲26.0%（2030年までに）
米国	▲14〜16%	削減目標 ▲26〜28%（2025年までに）	▲18〜21%
EU	削減目標 ▲40%（2030年までに）	▲35%	▲24%
中国	・2030年までに2005年比でGDP当たりの二酸化炭素排出を60〜65%削減 ・2030年頃までに二酸化炭素排出のピークを達成		
韓国	・2030年までに、対策を講じなかった場合の2030年比で37%削減		

1-16　主要国の約束草案（温室効果ガスの排出削減目標）の比較（経済産業省 作成）

ためある問題が指摘されています。それは各国・各地域が提出した目標を積み重ねても、既述した平均気温の上昇を２℃未満に抑えることは困難であるということです。結局、どの国、どの地域も達成可能な現実的な目標を掲げ、温室効果ガスをさもたくさん減らしたかのように見せる「ショー」になってしまっているのです。ただ当たり前ではありますが、それが地球温暖化を防ぐことにつながらなければ何も意味がありません。まさに「木を見て森を見ず」です。

２０１９年に発表された気候変動枠組条約の委員会の報告書では、地球上の温度上昇を１・５℃以下に抑えるには、２０１０年に比べ２０３０年までに世界全体で45%削減し、２０５０年

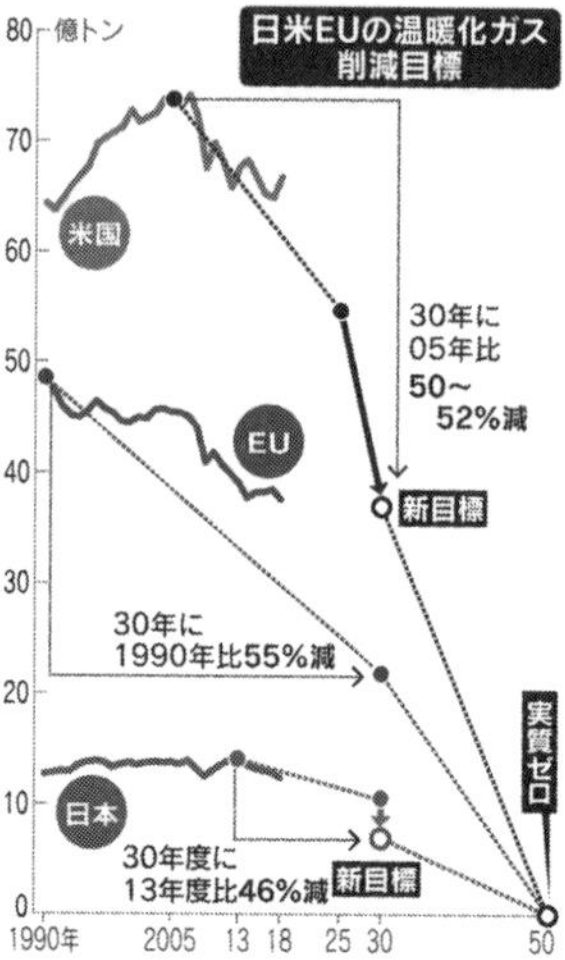

1－17　日本経済新聞2021年4月23日朝刊

までにゼロにする必要がある、と報告されました。

　そのような中でパリ協定が変わる兆しを見せ始めるきっかけとなったのが、新型コロナウイルスのまん延でした。新型コロナウイルスの影響から世界全体の生産活動が減少し、２０２０年の温室効果ガスである二酸化炭素排出量は前年から８％も減少したのです。これを受け、２０２１年４月に開催された気候変動サミットで、各国・各地域がこれまでの目標値を大きく引き上げる発表を行ったのです。ＥＵは１９９０年比で２０３０年までに55％削減、アメリカ合衆国は２００５年比で50～52％削減、そして日本も２０１３年度比で46％削減することを表明しました（１－17参照）。パリ協定はもともと協定に参加するすべての国が、５年ごとに削減目標を提出・更新していくことになっていますが、パリ協定が始まって２年経《た》たずに削減目標を大幅に変更するのは異例のことです。この背景には約10年前の失敗も生きています。

グリーンリカバリーという手法

それが2008年に起こったリーマンショックによる世界金融危機です。1−18を見るとわかるとおり、世界金融危機による不況の影響が現れた翌年の2009年も、2020年と同じく二酸化炭素排出量が大きく減少しています。ところが2010年を見ると二酸化炭素排出量が激増してしまっています。各国が景気刺激策を行った結果、生産活動が活発化してしまったことが原因です。そこで今回の新型コロナウイルスの場合は、景気回復時に同じ過ちを世界が絶対に繰り返してはいけないと、以前から指摘されていました。また、新型コロナウイルスが地球規模で長期間続いていることから、各国が冷静に地球温暖化を見据えて景気刺激策を講じていこうという判断がなされました。それが「グリーンリカバリー」です。具体的には、環境を重視した投資などを通して経済を浮上させようとする手法です。

単なる新型コロナ禍からの景気復興で終わらせるのではなく、既存の産業が今後、温

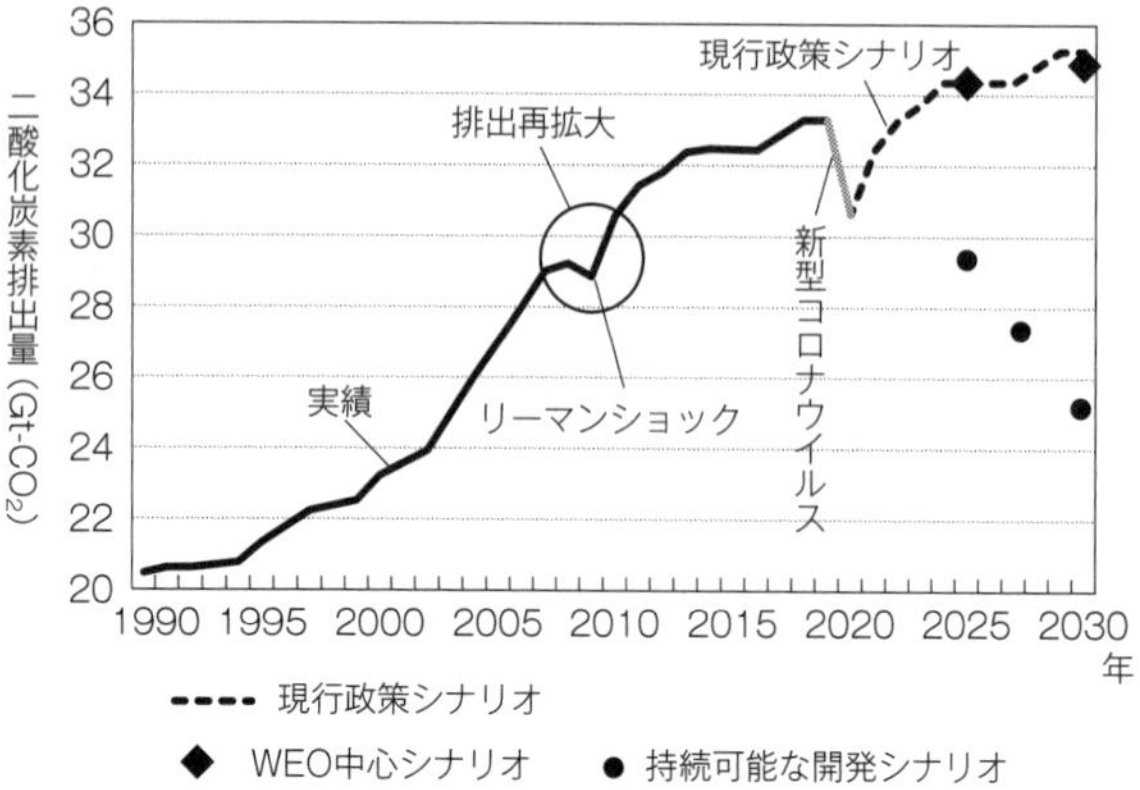

1-18　リーマンショック後と同様のペースを想定したときの二酸化炭素排出量（IEA Global Energy Review 2020,J-Power 中山寿美枝 IEA の Global Energy Review 2020より）

室効果ガスを大きく減らしていくための社会変革の好機にしようという狙いもあります。今後の地球温暖化の命運を握るグリーンリカバリー。パリ協定の成功のためにも目が離せません。

SNSがあぶり出したマイクロプラスチック問題

レジ袋を飲み込んだウミガメの映像

2020年7月1日より日本全国でプラスチック製買物袋、いわゆるレジ袋の有料化が始まりました。当初私は無料のレジ袋に慣れていたため、ついついマイバッグを忘れてしまい別途お金を支払ってレジ袋をもらって商品を持ち帰っていましたが、最近は毎日持参する癖がつき苦ではなくなりました。また、カフェやレストランで提供されるストローもプラスチック製のものが減り、紙製や竹製、木製などのものに替わってきていることも実感できるようになってきました。そして2022年4月からは法的な罰則等はないものの、ホテルでもらえる歯ブラシなどのプラスチックを使用したアメニティの配布をできる限り控えることが法律化されました。

なぜここまでプラスチックの使用を控える動きが進められるようになったのか。それ

（単位：万トン、％）

国・地域	2016年	2017年	2018年	2019年		
	輸出量	輸出量	輸出量	輸出量	構成比	前年比
輸出総量	152.7	143.1	100.8	89.8	100.0	△ 10.9
マレーシア	3.3	7.5	22.0	26.2	29.1	18.8
台湾	6.9	9.1	17.7	15.2	16.9	△ 14.1
ベトナム	6.6	12.6	12.3	11.7	13.0	△ 5.4
タイ	2.5	5.8	18.8	10.2	11.4	△ 45.5
韓国	2.9	3.3	10.1	8.9	9.9	△ 12.3
香港	49.3	27.5	5.4	5.7	6.4	5.8
インド	0.4	0.8	2.1	2.8	3.1	32.6
中国	80.3	74.9	4.6	1.9	2.1	△ 58.2
インドネシア	0.0	0.3	2.0	1.7	1.9	△ 17.2
米国	0.2	0.4	0.9	1.6	1.8	71.5

1－19　日本の廃プラスチック輸出量の推移。廃プラスチックの大半を中国に輸出していたが、2018年以降激減している。（2019年の輸出量上位10か国・地域のみ掲載。財務省、グローバル・トレード・アトラスを元にジェトロ作成）

はこの本の本題であるＳＤＧｓです。ＳＤＧｓは、２０１５年の国連サミットで採択され、２０３０年までに持続可能でよりよい世界を目指す国際目標です。ただＳＤＧｓを掲げるだけで物事が進むはずはありません。一番のきっかけは、同じ年の２０１５年にYouTubeで公開された、ウミガメの鼻に詰まったストロー片を取り除く動画のインパクトでした。

これを機に他にもウミガメがレジ袋をクラゲと間違えて飲み込み、喉を詰まらせてしまった映像なども注目されるようになりました。ＳＮＳの力が徐々に人々を動かし始めます。

そして、決定打となったのが、中国が２０１７年末に主に生活由来のプラスチックゴミの輸入を禁止したことでした。これもきっかけはSNSによる動画配信でした。これまでお金になるからという理由で、アメリカ合衆国や日本などから大量のプラスチックゴミが中国へ輸出され処理されてきたわけですが、劣悪な労働環境下で処理されている様子が動画で拡散され、中国政府が動き始めたのです。

こうして行き場を失ったプラスチックゴミは、代替地として近隣の東南アジア諸国へと向かいます（1－19、20参照）。しかしここでも処理する場所の確保が追いつかず、アメリカ合衆国やカナダが再生可能なプラスチックゴミと偽って持ち込もうとしていたことも判明し、海沿いや山中への不法投棄が目立つようになり、堪忍袋の緒が切れた東南アジア各国がゴミを返送するようになってきました。こうなると返送されたアメリカ合衆国やカナダはもちろん日本も同じく自国でプラスチックゴミを処理しなければならなくなったのです。

先進国は環境規制が厳しいため、そもそもプラスチックゴミの処理場の確保が難しいのです。これまでプラスチックゴミは、有害廃棄物が国境を越えて移動することを制限する「バーゼル条約」の対象になっていませんでした。ただこのような状況から、よう

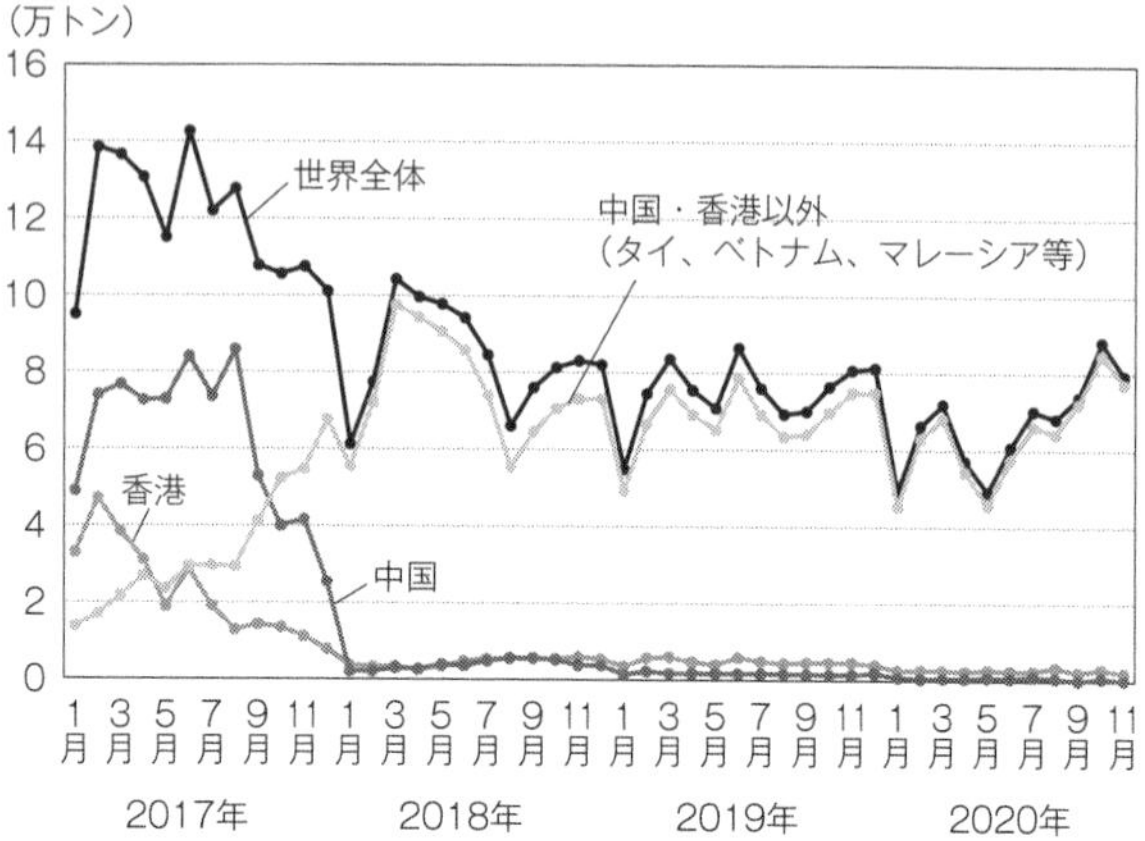

1-20　日本のプラスチックくずの輸出量の推移。単位は万トン（財務省貿易統計）

やく２０１９年に「バーゼル条約」が改正され、２０２１年からプラスチックゴミの越境禁止が世界的に始まりました。

このようにして、日本もようやく動き始めたという経緯があります。自分がやりたくないことを他人に押しつけ、自分に跳ね返ってきてからはじめて動く……。やらないよりましかもしれませんが、そのような状況ではとてもＳＤＧｓの２０３０年の達成にはほど遠いことでしょう。

レジ袋だけではなく洗顔フォームにも？

ただこれだけではプラスチックゴミの対策は不十分なのです。それはマイクロプラスチックと呼ばれるものが存在するからです。マイクロプラスチックとは5㎜以下の微細なプラスチックのことで、それらに含有・吸着する化学物質が海洋の食物連鎖に取り込まれ、生態系に悪影響がでていることが懸念されています。

マイクロプラスチックは細かく見ると2つに分けられます。ひとつはレジ袋やストロー、発泡スチロールなどのプラスチックが、自然環境下で破砕・細分化されたものです。これは先述のとおり対策が本格化するようになりました。そしてもうひとつが私も毎日使っている洗顔料や歯磨き粉等のスクラブ材等に利用されているマイクロビーズなどのもともと微細なプラスチックです。いうまでもなく下水から河川、海へと放出されると回収は困難なプラスチックです。これはYouTubeでもインパクトをもって伝えることは難しいでしょう。もちろんこちらの対策も急がれます。

目に見えにくい、見えないものに対しても、どれだけ多くの人々と危機感を共有できるか、その危機が着実に迫る地球の持続可能性はその視点が必要不可欠になります。

なぜ今、「代替肉」がブームなのか

食料加工技術の進歩

アメリカ合衆国では、新型コロナウイルスのまん延前の2019年前後から「代替肉」ブームが始まりました。「代替肉」とは動物肉の代わりの肉で、昔から大豆やエンドウ豆などを用いた「代替肉」は存在していました（某カップラーメンの「謎肉」もそのひとつ）。ただこれまでの「代替肉」は本物の牛肉や豚肉などとは、味はもちろん食感も大きく異なることから、世界的な普及とまではいかない状況が続いていました。

ところがここ10年ほどの間に「フードテック」と言われる食料加工技術が格段に進歩し、本物と遜色のないレベルまで近づいてきたことで「代替肉」ブームが巻き起こっているようです。この「フードテック」を進めた背景には環境意識の高まりがあります。

2019年8月に公表された気候変動に関する政府間パネル（IPCC）の「土地関係

特別報告書」によると、世界のフードシステム全体（食料生産から輸送、販売、消費に至るまで）の温室効果ガスの排出量は、人為起源の温室効果ガス排出量のうち21～37％を占めると推定されています。人工的に大量散水できる広大な農地で大量の農薬や化学肥料が撒《ま》かれ、家畜には大量の飼料、抗生剤が投与され、生産された農畜産物を燃費の悪い大型トラックで長距離輸送し、人々は大量に購入・消費する、というフードシステムを持っているアメリカ合衆国で環境意識が高まらないわけがありません。そのアメリカ合衆国で今一番の厄介者となっているのが牛です。

なぜ牛が厄介者なのか

なぜなら牛は豚や鶏などと比べて大型であるため食べる量自体が多く、体重1kgを増やすのに、つまり肉1kgをつくるのに必要なトウモロコシなどの穀物飼料の量は、概《おおむ》ね牛の場合10～11kgとされますが、豚はその3分の1の3～4kg、鶏（ブロイラー）はその5分の1の2・2～2・3kgです。また、出荷までにかかる日数は、牛の場合約30か月、豚の場合約6～7か月、鶏の場合約2か月かかります。主要飼料のトウモロコシなどの穀物飼料の生産には、大量の水や石油からつくる化学肥料、農薬が使用されますから、当然環境への負荷は大きくなります。

さらに反芻《はんすう》動物である牛は、ゲップやおならから二酸化炭素の約25倍の温室効果があるメタンガスを排出します。ちなみに牛1頭から1日に排出されるメタンガスの量は約160～320リットルにも及びます。環境対策を積極的に推進しているアメリカ合衆国のカリフォルニア州では、牧場の経営者に対してメタンガスの排出量削減に取り組むことを法的に義務化しているほど、牛の地球温暖化への影響は大きいとされています。このことから牛は環境の点から見ると断トツで「悪者」というわけです。

こうした流れの中でアメリカ合衆国では牛肉だけでなく、1人当たりの牛乳の消費量も減ってきています。アメリカ合衆国の農務省の調査によると、1990年には1人当たり年間約97kgの牛乳を飲んでいたそうですが、2018年には約64kgと約3割も減りました（1－21）。この結果、アメリカ合衆国の乳業最大手の企業が2019年には破綻していきます。代わりにアメリカ合衆国で増えたのが、アーモンドや大豆から作った植物性ミルクです。そう言えば、最近日本のコンビニでもアーモンドや大豆から作った植

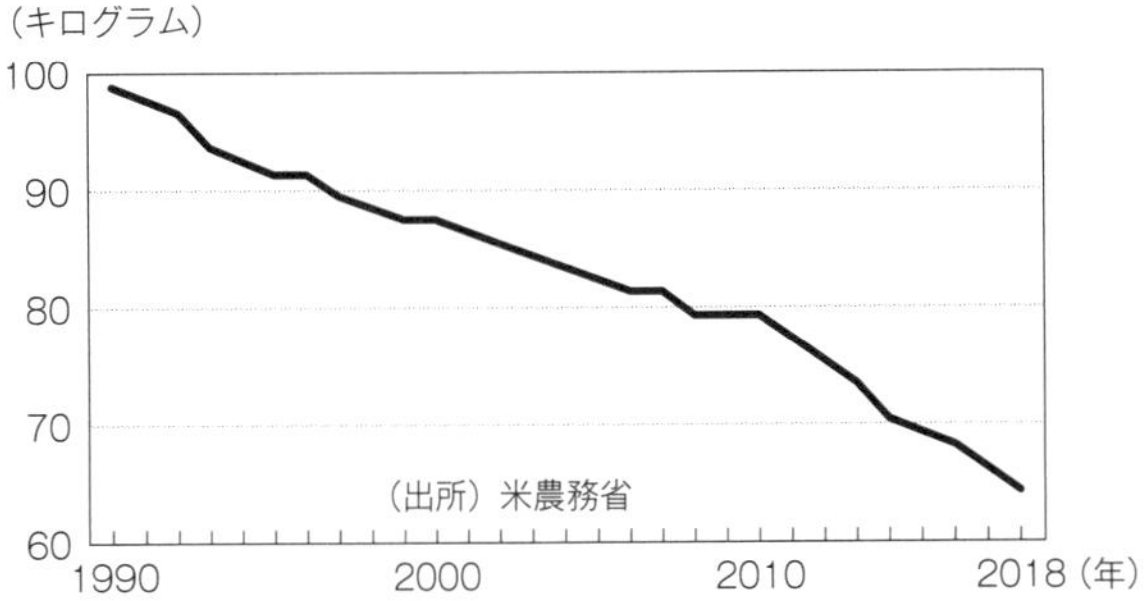

1－21　アメリカの1人当たりの年間牛乳消費量。（日本経済新聞電子版2020年1月19日）

物性ミルクを見かける機会が増えてきました。おそらくアメリカ合衆国のブームを好機と捉え、日本でもそのブームにあやかろうとする飲食メーカーの戦略なのでしょう。

今後、途上国を中心に経済発展が進んでいくと、食生活の欧米化が進行し、ますます世界的には肉の需要は増えていきます。限りある地球の資源の中でこれに対処していかなければなりません。そのための「フードテック」による「代替肉」の生産には私も賛同します。ただ私自身、どうも現在の「代替肉」に対しては腑《ふ》に落ちない点が多いのです。

2010〜16年の世界の食品ロス及び廃棄は、人為起源の温室効果ガスの総排出量の8〜10％につながっているとされています。そうであるならば、まず

「そもそも食べる量を減らしませんか?」と問いかけたいのです。日本を含めた先進地域では所得水準が高いことで、生きていくのに必要な分以上の食品を購入し摂取する飽食となっている状況は否めません。もちろんすべてを消費することができれば食品ロスや食品廃棄は出ませんが、往々にして調理しても食べ残してしまったり、消費期限を過ぎてしまい食品を廃棄して(無駄にして)しまったりすることがあります。

また、味や質を重視し過ぎてしまい、調理段階で十分食べられるにもかかわらず、食べにくい部位や味を落とす部位を事前に取り除いてしまったり、食す際にも口に合わないものや嫌いなものは提供されても食べ残してしまったりすることもあります。私を含めた日本で生活している人の多くが、このような経験を多少なりともしていることでしょう。

「代替肉」の陰にアメリカの思惑

また、「代替肉」の原料の多くはもっぱら大豆が用いられます。世界的な大豆生産国であるアメリカ合衆国の大豆はこれまで中国に大量に輸出されてきました。しかし、2010年代後半から米中貿易戦争の影響により、中国向けの輸出が減少します。その結果、アメリカ合衆国内では大豆の過剰在庫を抱えるようになりました。その在庫処理の一環、つまり農家を支援するためにアメリカ合衆国政府も「代替肉」を推進しようと考えているとしたら……。

２０１９年前後にアメリカ合衆国で「代替肉」のブームが巻き起こったことと奇妙にも一致するのです。過剰在庫、つまり過剰生産そのものが「もったいない」の文化に浸りきった私のような日本人には無駄なように思えてなりません。過剰在庫をかかえるくらいなら、そもそも食べる量を減らせばいいのに……と思ってしまうのです。ちなみにアメリカ合衆国で生産されている大豆の約９割が遺伝子組換え種です。

しかしながら、それをビジネスチャンスとしてものにする人が成功者だとするのが今日の世の中なのかもしれません。環境問題の解決という点だけで見れば「代替肉」はひとつの方策かもしれません。ただ食料問題の解決という点から見ると大いに疑問が残ります。今の「代替肉」ブームを超えた先に、「クリーン」かつ「グリーン」で持続可能なフードシステムが構築されることを願いたいものです。

「持続可能な国」の実践

コスタリカの先進的な取り組み

読者の皆さんは中央アメリカのコスタリカという国をご存じでしょうか。この国は2021年にOECD（経済協力開発機構）に加盟しました。このOECDは別名「先進国クラブ」と呼ばれる組織で、現在は発展途上国への援助と貧困の解決をおもな目的としています。この組織に中央アメリカの小国であるコスタリカが加盟したのです。加盟できたのは、これまで取り組んできたコスタリカの努力の賜《たまもの》です。

コスタリカ（Costa Rica）の国名の由来は「豊かな海岸」から来ています。全く趣の異なる太平洋とカリブ海に挟まれ、さらに雄大な火山を複数持つ風光明媚《めいび》な国です。また、世界全体のわずか0・03％の面積でしかない国土に、地球上の全動植物の約5％が生息するほど生物多様性に富んでいます。

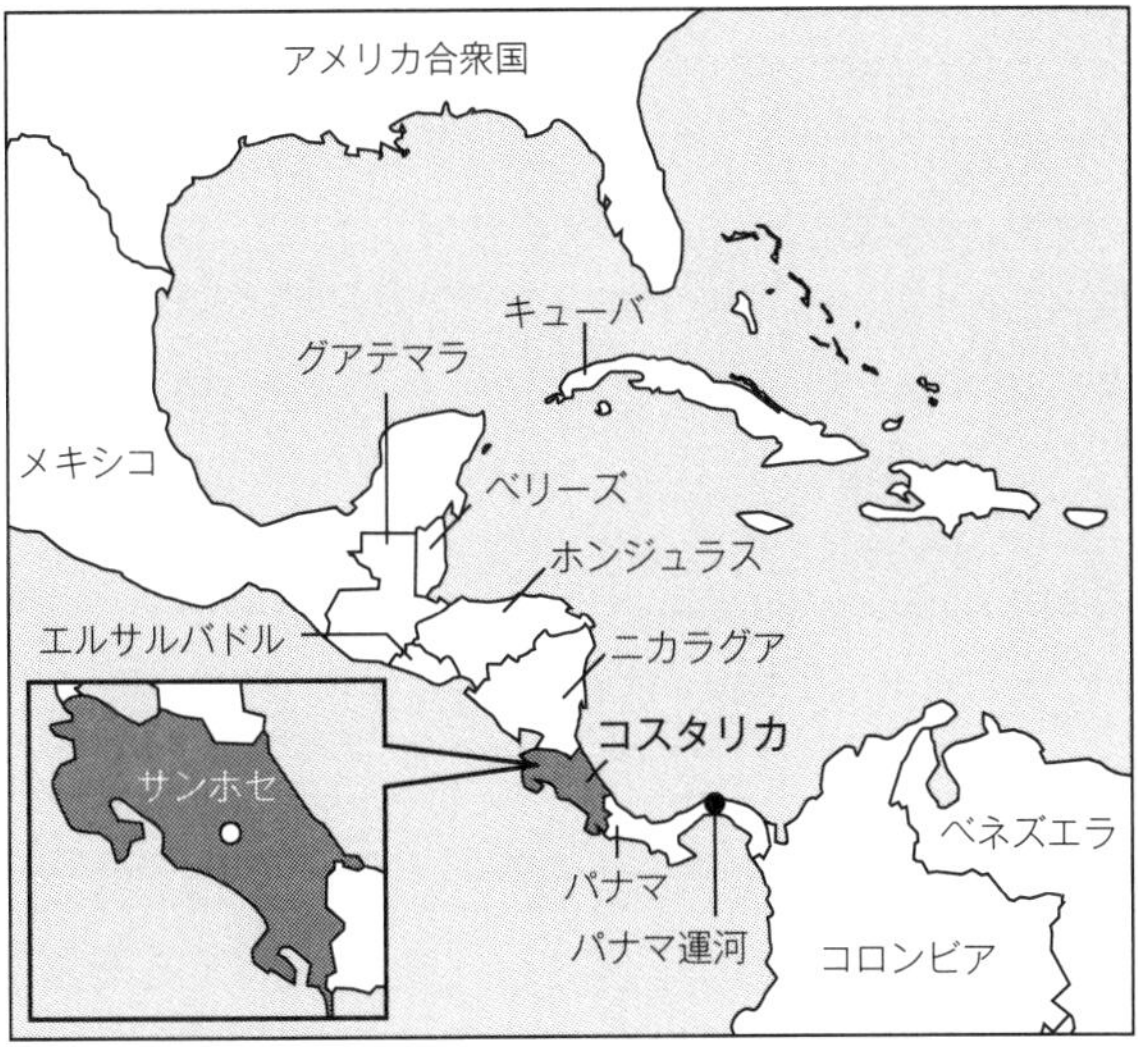

1－22　コスタリカは中米にある小さな国。

例えば、ウミガメの世界的産卵地があったり、ケツァールなどカラフルな鳥類も多く見られます。他にもスティーブンソンの海洋冒険小説『宝島』や映画『ジュラシックパーク』の舞台（撮影場所）となった世界遺産のココ島など手つかずの自然が残る無人島もあって、インスタ映えするスポットが目白押しです。

この国の近年の成長にはこの雄大な自然が大きく関係しています。それがエコツーリズムです。エコツーリズムとは旅行者が自然を実体験する観光のことで、現地での雇用機会をもたらしながら自然保護につなげていこうとする、持続可能な観光形態です。コスタリカはエコツーリズムを推進するにあたって、国土の約4分の1にあたる土地を自然保護区にすることで大規模開発業者の流入による乱開発を防いでいます。

また、政府が、現地で実施されるツーリズムの内容を精査したり、ホテル等に対しても環境対策に準じた格付け（サスティナブル・ツーリズム認定）を行い公表したりするなど、エコツーリズムの価値を高めるために業者任せにせず積極的に介入してきました。こうして次第にコスタリカのエコツーリズムの人気が高まり、アメリカ合衆国やカナダから多くの観光客がコスタリカを訪れるようになっていきました。

1-23　熱帯雨林の中をつり橋で行くツアーが人気。iStock.com/DmitryBurlakov

なぜそもそもコスタリカがエコツーリズムを推進するようになったのかというと、それには暗い過去があります。かつてコスタリカを含めた中央アメリカの国は、「アメリカの裏庭」、「BANANA REPUBLIC」と呼ばれ、主にアメリカ合衆国向けのバナナやコーヒーの輸出に依存する国ばかりでした。独立以来、コーヒーやバナナの農園拡大にともなう大規模な熱帯林破壊を長期にわたって国民が目の当たりにしてきました。またアメリカ合衆国資本からの脱却をはかりたいという思いも強いものがありました。ただ他の中央アメリカ諸国とは違って、先住民であるインディオの遺跡がほとんどなかったため、観光資源が自然しかない。そこで彼らは先述した自然の素晴らしさを生かしたエコツーリズムにかけることにしたのです。

エコツーリズムの推進が産んだIT化

エコツーリズムの推進は思わぬ副次的効果をもたらします。それがIT産業でした。なぜ？　と思われるかもしれませんが、観光客の利便性を高めるためには空港やインターネットなどの通信インフラ（インフラストラクチャー）が必要不可欠です。その整備を進めたことで、現地の安価な労働力の魅力とも相まって、ものづくりの場所としての魅力も高まっていったのです。

１９９０年代には世界的企業のアメリカ合衆国のインテル社が半導体の工場を設けることになり、それをきっかけにIT関連企業や医療機器などのハイテク産業の企業が進出するようになりました。現在ではバナナに代わって医療機器が最大の輸出品になるまでに至りました。最近ではソフトウェアの開発やコールセンターなどのサービス業も発展してきています。

さらにコスタリカは安全保障、エネルギーの面でも凄《すご》いことがあります。まずコスタリカには軍隊がありません。１９４９年の憲法制定で常備軍を廃止し、それ以降一度も軍事クーデターは起こっておらず、安定した民主主義が維持されてきているのです。１９８０年には国連平和大学が首都のサンホセに設置され、１９８３年には非武装中立国を掲げて、世界に平和を象徴づける国家としての地位を固めてきました。

そして電力は豊富な降水量による水力（76％）と火山による地熱発電（12％）に加え、風力発電（４％）にも力を入れており、ほとんどの電力を自然エネルギーから賄っているのです（1－24）。

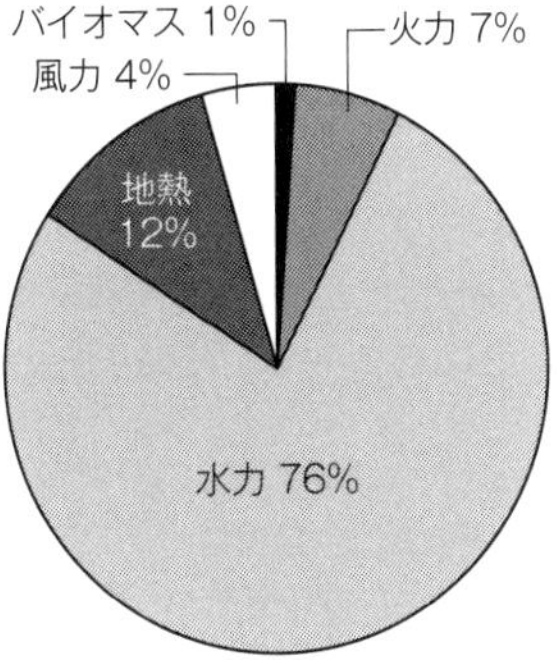

1－24　コスタリカの国内電力の内訳（コスタリカ電力公社）

こうして見てくるとコスタリカは持続可能な国をまさしく地で行く国で、環境と経済だけでなく、今一番世界が望んでいる真の平和も手にできている国です。日本とは国の規模や環境が異なるからという言い訳をせず、かつての日本がそうだったように他国から良きものを学び自分たちに生かしていこうとする謙虚さが私たち日本人には求められている気がしてなりません。

第2章

人権を守るとはどういうことか

日本はどこまで女性の地位が低いのか

儒教的価値観を壊せるか

ＳＤＧｓのひとつに「ジェンダー平等を実現しよう」というのがあります。内閣府の男女共同参画局が公表した資料の図（２－１）をご覧ください。見て頂いてわかるとおり、図中の４つの指標以外にもジェンダーギャップを比較する指標はありますが、日本は「経済への参画」の中でも「管理職の従事者比率」と「政治への参画」が他国と比べて著しく低いことがわかります。この問題の背景にあるのは、これまで日本の発展を支えてきた儒教的価値観ではないかと考えられています。

日本を含めた東アジア地域には中国から伝わった儒教的価値観が社会生活に根付いています。確かに経済発展の途上にある段階では、儒教的価値観の「仁・義・礼・智《ち》・信」を重んじる社会環境があった方が、組織として物事は円滑に進んでいくことが多い

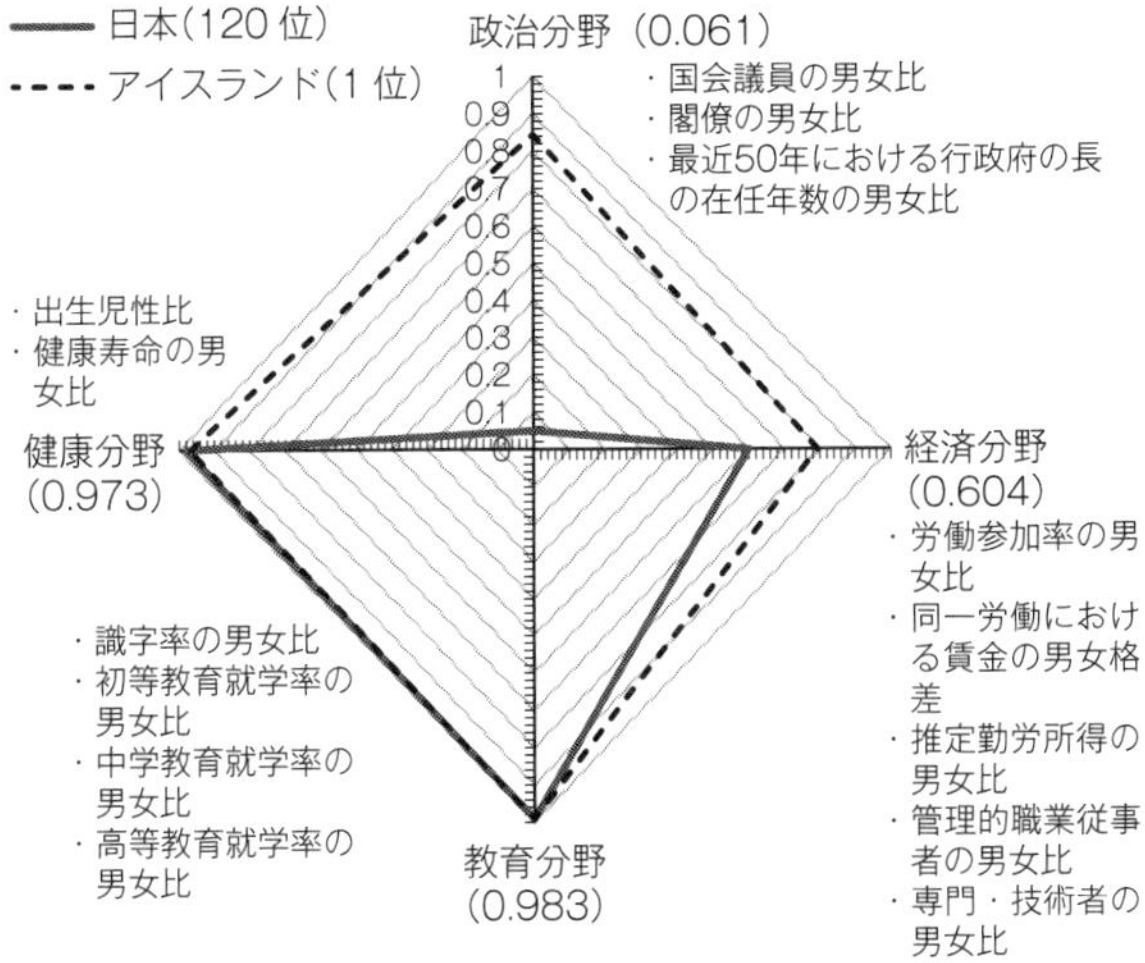

2-1 ジェンダーギャップ指数（世界経済フォーラム発表）

ものです。ただ一方で年上・年下、上司・部下、先輩・後輩、男性・女性など無自覚、無意識に自己のフィルターを通して上下の優劣をつけて見てしまう傾向があることを否定できません。

ある調査によると、大企業のトップが女性であることに好意的な人の割合はアメリカ合衆国では63％であったのに対し、日本ではわずか24％だったということです。つまり女性が管理職に就くことを、男性はもちろんのこと女性も良しとしていないということなのです。これは本当に厄介な問題です。女性は「おしとやか」、「慎ましい」のが良い、という価値観が日本では男性はもちろん女性にも深く浸透してしまっているのです。

このことが、男性の育児・家事が進まない根本にあるのかもしれません。日本の女性は家事に費やす時間が男性の4倍以上という調査結果もあります。当然こうなると仕事に費やすことができる時間が少なくなるわけで、キャリア形成や昇進の機会が奪われてしまっていることは言うまでもありません。

女性が管理職の影響

では女性が管理職に就くようになるとどのような好影響が現れるのでしょうか。ひとつ参考になる報告書があります。世界的なコンサルティング企業のBCG（ボストン・コンサルティング・グループ）が2017年にまとめた報告書によると、日本企業（東証一部上場904社）における女性役員の割合はわずか3％と、北ヨーロッパで女性の社会進出が進むノルウェーの36％、フランスの30％、アメリカ合衆国やドイツの19％と比べて明らかに低い状況にあります。

そしてこの報告書では「日本企業の女性役員比率と企業業績には相関関係が見られ

る」としていて、女性役員の割合が高いと「ものの見方や考え方が多様化することで、企業が活性化し、イノベーションが加速する」からとしている点です。ここ30年の間に欧米諸国は、政府も企業も女性の地位向上に積極的に取り組んできました。日本企業がバブル経済崩壊以降、世界的な企業の中から姿を消し、低迷を続けるようになったのはここ30年の話です。

また、日本より女性役員の割合が高い国々は、1人の女性が生涯に産む子どもの数である合計特殊出生率も日本より高いのです。同じ先進国で比べた場合、女性の社会進出が進んでいる国の方が少子化の進行そして高齢化の進行も鈍いのです。

内閣府の次の資料を見てみましょう。この資料は「社会において男性が優遇されている原因」について尋ねたものです。まず、どの国においても男女の役割分担についての「社会通念・慣習・しきたりなどが根強いから」の割合が高いという共通点があります。長いこと「男尊女卑」という価値観が蔓延《はびこ》ってきた表れです。

一方で、日本と欧米諸国との違いが明確なのは、「仕事優先、企業中心の考え方が根強いから」と「育児、介護などを男女が共に担うための制度やサービスなどが整備され

男性の方が優遇されている原因（日本）

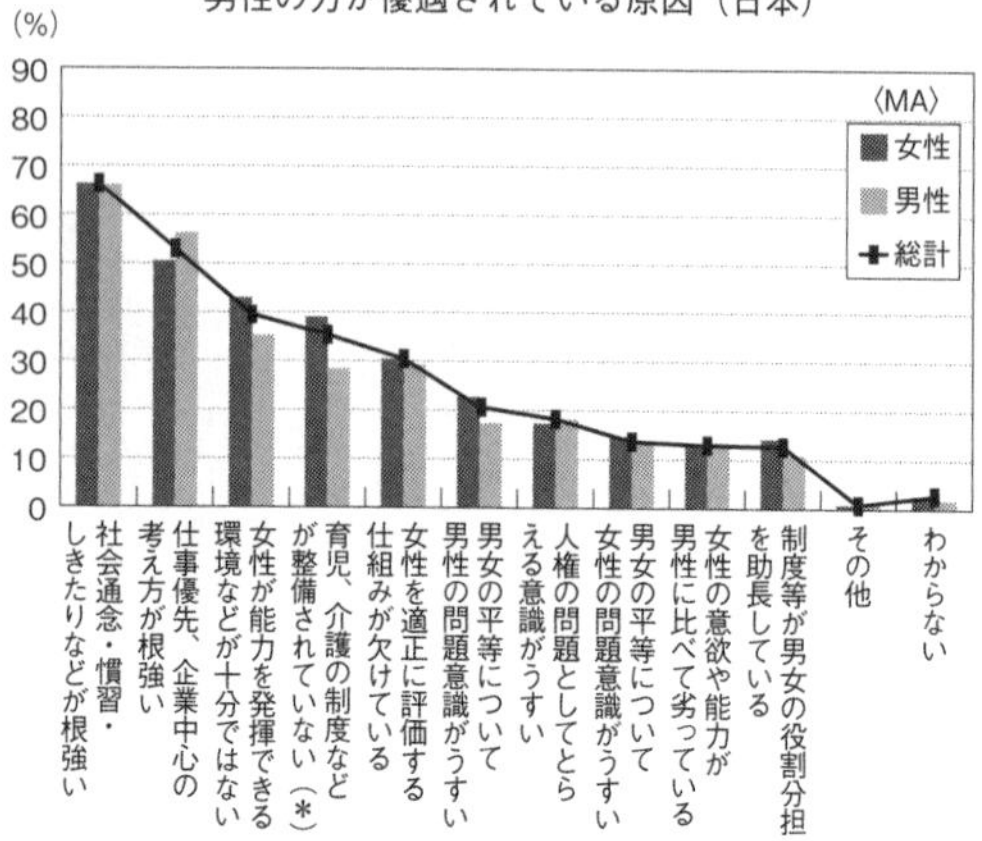

男性の方が優遇されている原因（アメリカ）

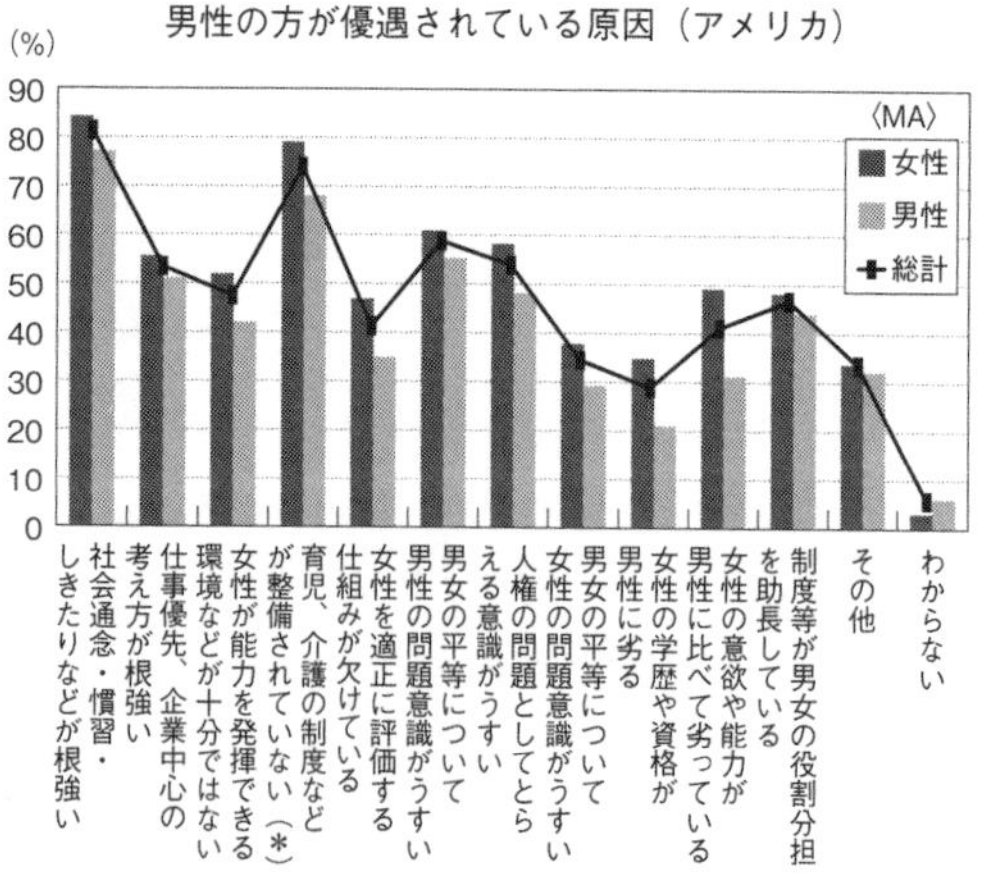

2-2　社会において男性が優遇されている原因についてのアンケート（内閣府資料）＊育児、介護などを男女が共に担うための制度やサービスなどが整備されていないから

男性の方が優遇されている原因（スウェーデン）

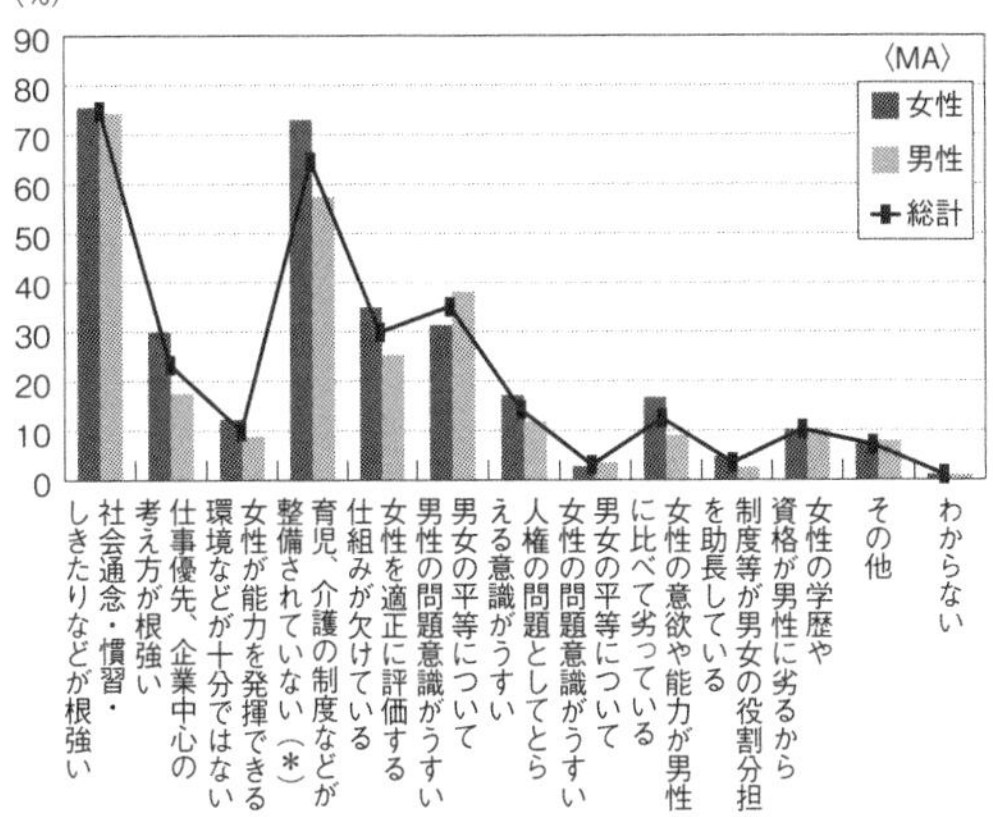
(%)
90
80
70
60
50
40
30
20
10
0
〈MA〉
女性
男性
総計
社会通念・慣習・しきたりなどが根強い
仕事優先、企業中心の考え方が根強い
女性が能力を発揮できる環境などが十分ではない
育児、介護の制度などが整備されていない（*）
女性を適正に評価する仕組みが欠けている
男女の平等について男性の問題意識がうすい
人権の問題としてとらえる意識がうすい
男女の平等について女性の問題意識がうすい
女性の意欲や能力が男性に比べて劣っている
制度等が男女の役割分担を助長している
女性の学歴や資格が男性に劣るから
その他
わからない

男性の方が優遇されている原因（ドイツ）

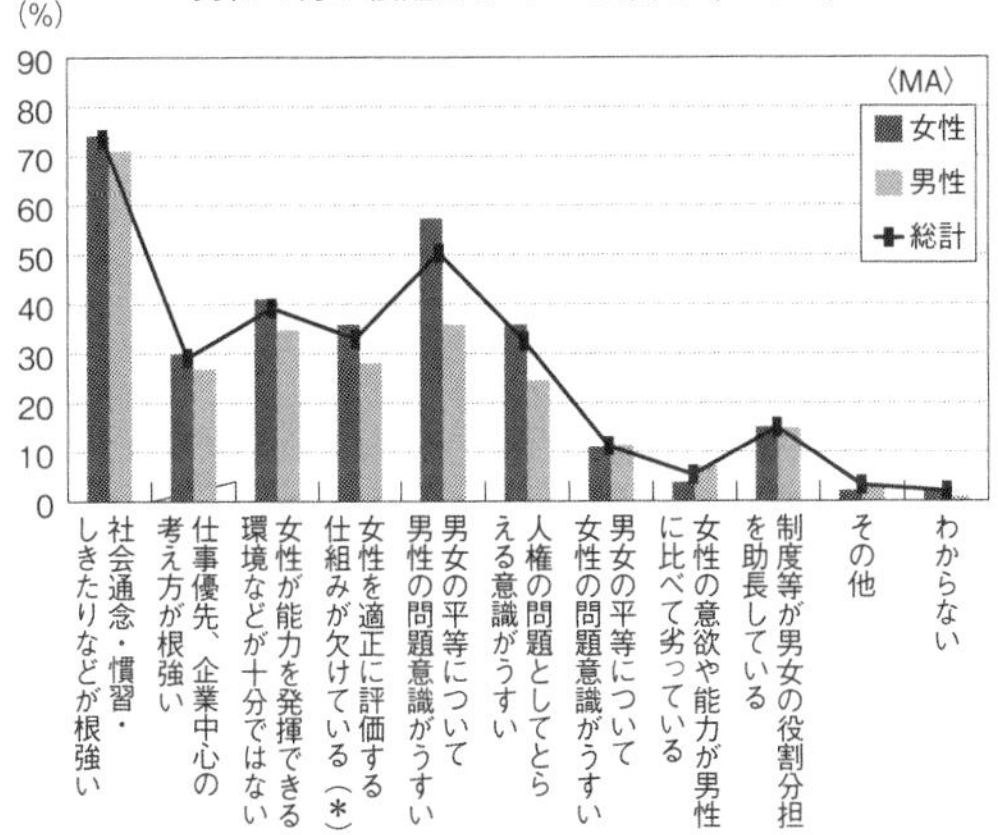
(%)
90
80
70
60
50
40
30
20
10
0
〈MA〉
女性
男性
総計
社会通念・慣習・しきたりなどが根強い
仕事優先、企業中心の考え方が根強い
女性が能力を発揮できる環境などが十分ではない
女性を適正に評価する仕組みが欠けている（*）
男女の平等について男性の問題意識がうすい
人権の問題としてとらえる意識がうすい
男女の平等について女性の問題意識がうすい
女性の意欲や能力が男性に比べて劣っている
制度等が男女の役割分担を助長している
その他
わからない

ていないから」という2項目です。日本では「仕事優先、企業中心の考え方が根強いから」の割合が高く、アメリカ合衆国やスウェーデンでは「育児、介護などを男女が共に担うための制度やサービスなどが整備されていないから」の割合がそれぞれ高くなっています。この違いをどう読み解くかは人によって違うかと思いますが、私は次のように考えています。日本の場合「男性はお金を稼ぐ」存在として男女問わず見ており、一方で欧米の場合「お金は男女で稼ぐ」からそれ以外のことをちゃんともっと男女平等にやってほしい、と。そしてこのことと関連するのが、「男女の平等について、男性の問題意識がうすいから」という項目です。この項目ではドイツをはじめアメリカ合衆国やスウェーデンで割合が高い一方、日本は決して高くありません。同様にこの項目からも、日本の場合は男性だけでなく女性の中にも「男性はお金を稼ぐ存在だから、家事や子育てができないのは仕方がない」、だから日本の女性の魅力は「おしとやか」、「慎ましい」のが良いのだとする、旧態依然の価値観が根深く残ってしまっていることが、日本が世界的に見ても女性の地位が向上せず男女格差が大きい最大の要因ではないかと思われます。

そしてもうひとつこの統計からわかるのは、日本はどの項目も男女の差が小さいのに対し、欧米諸国は要因によってではありますが、はっきりと男女の差が大きい項目があることです。言い換えれば「女性がはっきりと自己主張できる」社会が築かれているかどうかの違いのように思えてなりません。この点も同じく、日本の女性は「おしとやか」、「慎ましい」のが望ましいとする価値観が背景にあるように思えてなりません。

女性進出の進んでいるルワンダ

現在、世界一政治分野での女性の進出が進んでいるのが、アフリカのルワンダという国です。1994年の内戦が大きなきっかけでした。1994年のルワンダで起こった内戦では、たった100日ほどの間に100万人以上の人々が虐殺されました。性暴力の被害者となった女性は少なくとも25万人、孤児となった子どもたちは9万人を超すといわれています。内戦終結後、生き残った約600万人のうち過半が女性でした。つまり女性に頼らざるを得ない状況となり、これまで虐げられてきた女性たち自らが奮い立ったのです。

二度と内戦や戦争はあってはならない、子どもを守らねばならない、その意識の変化が国の変化につながっていきました。これまで男性にしか認められていなかった相続権が女性にも認められたり、地主になることも認められたりするようになりました。また、教育面でも大学に進学する女性が増加し、さまざまな社会分野において「クオータ制（ラテン語で「割り当て」の意味）」が導入されました。「クオータ制」とは「人種や性別、宗教などを基準に、一定の比率で人数を割り当てる制度。政治における男女共同参画を実現するための代表的な仕組みのひとつで、議員の一定割合を女性に優先的に割り当てる」制度のことです（日本大百科全書）。

ルワンダの場合、国会議員の議員数に占める女性の割合は少なくとも30％以上にすることが決められています。その結果ルワンダは２００３年以来、世界で最も女性国会議員の比率が高い国となりました。

現在では下院の約６割が女性となっています。また、７人の最高裁判事のうち副裁判長を含む４人が女性となっています。当然、国家の中枢である国会や最高裁判所の場では女性の考えや意見が反映されやすくなるわけです。実はこの日本の惨状を見た国連機関から、日本も「クオータ制」の導入を検討するようによびかけられています。私も日本はすぐにでも導入すべきだと考えています。日本を代表し世界進出を着々と進めるサントリーの創業者である鳥井信治郎さんの言葉を借りれば「やってみなはれ」です。やってみなければわからないことはたくさんあるのです。

欧米の人々は性別、地位、年齢を問わずよく相手に対して「リスペクト（尊敬）」という言葉を使います。日本ではまず真っ先に「ありがとう（感謝）」の言葉は出てきても、「リスペクト」という言葉を発する人はどの程度いるでしょうか。私も含めて日本人の多くが「リスペクト」という言葉を自然に相手に対して使えるようになったときが、儒教的価値観をぶっ壊し、ジェンダーレスな社会へと近づいている証《あかし》かもしれません。そしてジェンダーレスな社会が日本の持続可能な開発につながっていくことを願ってやみません。

「最貧国」から卒業するバングラデシュの光と影

なぜ急速な経済成長を遂げるようになったのか

かつて「世界の最貧国」と呼ばれたバングラデシュは、ここ20年で経済成長を安定して遂げてきました。「最貧国」とは、国連の言葉を借りれば「後発開発途上国（LDC：Least Developed Country）」と呼ばれ、以下の3条件を満たした国が該当します。

・1人当たりGNI（3年間平均）：1018米ドル以下

・HAI（Human Assets Index）：人的資源開発の程度を表すためにCDP（イギリスの慈善団体が管理する非政府組織）が設定した指標で、栄養不足人口の割合、5歳以下乳幼児死亡率、妊産婦死亡率、中等教育就学率、成人識字率を指標化したもの（基準値以下）。

・EVI（Economic Vulnerability Index）：外的ショックからの経済的脆弱《ぜいじゃく》性を表すためにCDPが設定した指標。人口規模、地理的要素、経済構造、環境、貿易のショック、自然災害のショックから構成（基準値以下）。
※外務省ホームページ参照
https://www.mofa.go.jpmofaj/gaiko/ohrlls/ldc_teigi.html

この条件に当てはまる国は、2021年末現在、世界の独立国196か国のうち46か国がその指定を受けています。バングラデシュはこの3条件から外れ、2026年11月の「後発開発途上国」からの卒業が2021年に正式決定しました。

このバングラデシュの急速な経済成長を支えた要因はいくつかあげられます。そのひとつは民主化による政情安定です。1991年に大統領制から議院内閣制へと移行後、軍政から民政に移管が進み、欧米諸国から評価され、多国籍企業の進出に道筋ができました。とくに1億人を超える安価で豊富な労働力は多国籍企業にとって大きな魅力に他なりません。同様のことはミャンマーなどにも該当しますが、残念ながらミャンマーの場合、2021年の軍部のクーデターによって、完全に経済成長が止まってしまいました。民政化というのは「最貧国」が発展する際にとても重要な要素です。なぜなら資本力に長《た》ける欧米諸国の価値観として民主主義というのは絶対的なものであり、彼らはその価値観を共有できた国や地域に対しては、経済制裁を解除して様々な経済的支援やインフラ整備などを行っていくようになるからです。その後、次第に欧米諸国の企業による積極的な投資が始まっていきます。見方を変えれば、欧米諸国は民主主義という共通する価値観の下に、自国企業のビジネスチャンスを広げているとも言えます。

外資系企業が進出することによる良い影響と悪い影響

バングラデシュの場合、外資系企業の進出によって現在では中国やインドに次いで繊維工業が盛んな場所となり、なかでも縫製業が盛んになっています。進出している企業をあげれば、ファストファッションの世界的企業である「ZARA」、「H&M」、「ユニクロ」はすべてバングラデシュに縫製工場をかまえています。また、バッグや革靴などの皮革工業も盛んです。もともとバングラデシュは、イギリスからの独立後はパキスタンとひとつの国家だったのですが、その時代に発達したのが皮革工業でした。当初はパキスタンへなめした革を送るだけでしたが、パキスタンからの分離独立後、バングラデシュの重要な産業として発展していきました。確かに両産業ともバングラデシュの経済成長を牽引《けんいん》してきたことは間違いありません。しかし「最貧国」では多くの場合、法的な整備が遅れていることもあって、経済成長の負の側面として人権侵害や環境問題が深刻化していきます。

とくにバングラデシュにおける海外企業の活動による人権侵害が世界的に知られるきっかけとなったのが、2013年に首都ダッカにある縫製工場となっていたビルの倒壊事故でした。なんとこの倒壊事故で1000名以上の縫製労働者が死亡する大惨事となりました。耐震性の弱い違法建築に加え、縫製作業で使われている1000台を超えるミシンの振動などによって建物が倒壊しました。しかも建物の所有者は倒壊事故の前日に従業員から異変の指摘を受けていたにもかかわらず、それを一蹴して従業員に縫製作業を続けさせた結果起こった事故でした。もちろん所有者が行った行動は許されるわけもありませんが、納期を間に合わせるために欧米のファストファッションの企業からそれだけ厳しいプレッシャーをかけられていたことの裏返しでもありました。この事故をきっかけにバングラデシュに進出していた欧米や日本のファストファッションを中心とする先進国の企業の過酷な労働環境が次々に明るみになっていきました。

また環境問題の点においては、皮なめし工場からの有害な硫酸やクロムなどが下水に垂れ流しの状態になっていることも以前から報道されていました。そこに「船の墓場」の報道によって、いっそうバングラデシュの環境問題は注目されるようになりました。世界中から使い古された大型船がバングラデシュのチッタゴン付近に集められ、解体され、放置されていることから「船の墓場」と名付けられました。

Google Earth の画像からもわかるとおり、複数の船舶が浅瀬から砂浜に座礁した状態で置かれ、一部の船舶は本来ではあり得ない切られた状態になっている様子がわかると思います。これらは重機ではなく大量の労働者によって解体され、抜き取った重油やエンジンオイルはそのまま、部材は近くにある工場に持ち込まれて再資源化されて販売されます。当然のことながら、船舶解体時に漏れ出した油をはじめ、アスベストやクロムなどの様々な有害物質が垂れ流しの状態になっており、その作業にあたっている労働

2-3　チッタゴンの海岸付近の船の墓場（Google Earth）

2-4　チッタゴンの船を壊すヤードで古い船が解体されている。（iStock.com/alexeys）

者の甚大な健康被害が知られるようになっていきました。もちろんこの「船の墓場」も厳しい環境規制や人件費の高さなどから先進国の企業が国内での解体を避け、ブローカーを通してバングラデシュに船舶を流していたわけです。

こうした人々の犠牲をともなって、ようやく現在はこうした人権や環境問題を改善するための取り組みを真摯に行う企業が増えてきました。コストがかかっても企業として果たすべき社会的責任（CSR：Corporate Social Responsibility）を果たすことが持続可能な経営につながるとの判断からです。このバングラデシュの問題は、これまでであれば証拠がないなどの理由で、権力者によってもみ消されてきた事案だったかもしれません。しかし、現在は誰もが音声や動画・画像などの情報を受発信できる時代ですから、いくらでも証拠は出てきます。監視社会という批判もありますが、これらの例は情報化社会がもたらした功績と言っても良いでしょう。また人々の商品に対する価値観が、これまでの商品自体の質やブランド以外にも環境や人権に対して付加価値を見いだすようになってきたという、変化も大きいことでしょう。

外貨獲得で発展してきた

話はバングラデシュの経済発展の話に戻ります。もうひとつバングラデシュの経済成長を支えた要因が、出稼ぎ労働者による海外からの送金です。海外からの送金額は毎年バングラデシュのGDP（国内総生産）に対する5～10％になるので、2019年のGDP値で計算すると約150億ドル（約1兆9500億円、1ドル＝130円換算）にもなります。

出稼ぎ労働者の多くは、同じイスラームの文化圏で距離的に近い中東産油国のサウジアラビアなどを中心に、東南アジアのマレーシアやシンガポールに向かっています。多くの人々は現地で土木・建設作業や清掃作業などの未熟練労働に従事しています。たしかに現地での収入は現地の人と比較すれば決して多くはありませんが、自国通貨より信頼性の高い外国通貨を海外で獲得しバングラデシュに送金することは、国の外貨準備高を増やすことにつながり、国家経済の安定、信用力の上昇につながります。こうなると海外企業はバングラデシュへの投資を安心して行いやすくなっていき、それが前述の縫製業や皮革工業の発展にもつながってきたわけです。ただ2020年以降は新型コロナウイルスのまん延によって海外での生産活動が止まったことで、出稼ぎ労働者の多くが職を失い、バングラデシュに帰国する人も増えてしまいました。

こうしてみてくるとこれまでのバングラデシュの経済発展は、輸出による外貨の獲得と海外からの送金による外貨の獲得が支えてきたわけですが、これから本当の意味でのバングラデシュの真価が問われる時代が始まります。なぜなら間もなく「後発開発途上国」から卒業するからです。「後発開発途上国」からの卒業は「最貧国」というイメージが薄れ外国企業からの投資が増える可能性がある一方で、これまで認められてきた海外との貿易における無税・無枠の特別特恵関税を利用できなくなるデメリットが生じます。この特別特恵関税制度がなくなると諸外国との取引では関税が発生するため、これまでバングラデシュに進出してきた輸出向け製品を製造する外国企業にとっては負担が増えることとなり、結果として外国企業の撤収につながる可能性があります。

これを回避するためには、これまでどおり関税がかからないようにするために各国と自由貿易協定の締結を進めることはもちろんですが、私は産業集積や高度人材の育成を進めることがより重要だと考えています。

そのためのお手伝いとして日本ができることはたくさんあるはずです。バングラデシュは資源が乏しく、洪水被害などの自然災害が多いといった日本との共通点が多い国です。自然災害に強いインフラ整備や英語以外の言語を使った高等教育など国としてできることをあげればきりがありません。日本は諸外国から見れば、戦争や大災害で荒廃してもそのたびに復興を遂げてきた奇跡の国なのですから。いつの日かバングラデシュをはじめ「後発開発途上国」の経済発展は日本をモデルにしたからだと言ってもらえる国が増えることを願ってやみません。それが今日行き詰まりを見せる日本にとって持続可能な開発につながるきっかけになるかもしれません。

安全な水を手に入れる難しさ

経済成長を遂げる陰で大きな問題となっているのが水の問題です。かつて日本でも発生したことがあるヒ素中毒です。

ヒ素は長期間飲用することで体内にヒ素が蓄積し、皮膚炎や骨髄障害、神経障害、黄《おう》疸《だん》、腎不全などが起こる場合があります。

実はこのヒ素汚染は国連が普及を進めた井戸があだとなってしまいました。1960年代までバングラデシュの人々は、川や湖沼の水を飲用していました。もちろん最貧国であったバングラデシュでは下水道がほとんど整備されていなかったため、その水には大量の細菌・雑菌が含まれおり、毎年感染症にかかって多数の人が亡くなる悲惨な状況でした。そこでバングラデシュ政府とＵＮＩＣＥＦ（国連児童基金）が協力して、1970年代以降、地表からの汚染物質が混入していない地下水を利用するために井戸を掘ることにしたのです。

この井戸は管井戸と呼ばれます。この管井戸により1990年代にはバングラデシュの人口の9割以上が安全な水を手に入れられるようになったと誰もが思っていました。

バングラデシュのヒ素汚染

ところがこの管井戸から汲《く》んだ地下水には高濃度のヒ素が含まれていたのです。なぜヒ素が多く含まれていたのかは諸説あるのですが、ヒマラヤ山脈に存在する岩石にはヒ素が多く含まれており、その岩石が長い年月をかけて風化し、ガンジス川の下流であるバングラデシュのデルタ（三角州）地帯に蓄積したと考えられています。その蓄積したヒ素が土中へと溶け出し、その一部が地下水とともにくみ上げられ、人口の４分の１にあたる約４０００万人が飲用しているのです。

現在、ヒ素の除去を行ったり、ヒ素が含まれていない深い管井戸で代替したりするなどの対策が講じられています。ただ、今後ますます人口が増加し経済成長を遂げていくと、地下水の利用には限界が出てきます。地下水を過剰に汲み上げると、地下水の枯渇はもちろん地盤沈下も懸念されます。ただでさえバングラデシュの国土の約９割が10m未満の低地ですから、場所によっては海抜０m未満のゼロメートル地帯が拡大し、水害や高潮の被害が拡大してしまう恐れがあります。

ですから井戸のヒ素除去は決して持続可能なやり方ではないのです。そうなると残るやり方はひとつ、下水を整備し、川などから安全な水がとれるように上水道を整備するしかありません。

日本の技術に可能性が

そこで日本の出番です。日本も1960年代の高度経済成長期には、工場排水や生活廃水によって水質汚濁が深刻化していた時代がありました。東京の水道水なんて飲めたものじゃない！　などと、多くの人々が敬遠する時代もありました。ところが今「東京水」として販売されるほど、水道水がおいしく飲用できるようになったのです。これは厳しい水質基準を設け、高度浄水処理場を整備し、定期的に水質調査を行うなど徹底した管理の賜《たまもの》です。

もちろんバングラデシュのような国に東京と同じ水システムを導入することは難しいことでしょう。しかし、東京の浄水化技術の一部をバングラデシュで活用することができれば、多くの人々が安全でおいしい水を、持続可能に飲用できるはずです。どうすれば、バングラデシュでも普及可能なコストが抑制された上下水道システムを提供できるのか、そこに日本のビジネスチャンスがあるわけですし、それが日本の持続可能な開発にもつながっていくと私は信じています。

日本を時代遅れにしたインドの「アーダール」とケニアの「M-pesa」

日本ではなぜデジタル化が進まないのか

新型コロナウイルスがまん延したことで、改めて日本におけるデジタル化の遅れが話題になりました。ただ「デジタル化の遅れ」と言われても、それを実感している日本人は少ないのではないでしょうか。だから政府が「デジタル庁」の創設と言っても、どこか他人事《ひとごと》のように聞こえていて、「デジタル化」は何のために、なぜ重要なのかがわかっている人は一握りのように思います。なぜなら「デジタル化」しなくても、多くの日本人は現状不自由なく生活できているからです。

「デジタル化」とセットにして、日本ではマイナンバーカードの普及について語られます。２０２１年10月１日時点で日本全体のマイナンバーカードの交付率はわずか38・４%。既に健康保険証としての利用も可能となっていますが、まだ受け入れる病院側で対応しきれておらず、利用できる病院が少ないのが現状です。そうなると国民の多くは今持っている健康保険証でいいじゃない、となるわけです。

マイナンバーカードは、2024年度末には免許証としての利用も可能になるとのことですが、健康保険証と免許証の「カード」が2枚減るだけと冷めた見方もできます。さらに銀行口座と紐《ひも》付けられると、個人情報の漏洩《ろうえい》のリスクが余計に高まる、と懸念される方も多いことでしょう。ただし個人情報の漏洩の観点から見れば、脆弱な旧来型のインフラで管理され、それが複数に分散している方が漏洩リスクは高いわけで、ひとつにまとめて最新のインフラで管理された方が漏洩リスクは低いことになります。ちなみに私のような人間は、マイナンバーカードを物理的な「カード」として発行する時点で、「デジタル」じゃないと思ってしまいます。

発展途上国にしかない需要が技術を発達させる

さて、読者の皆さんは「リープフロッグ型発展」や「リバースイノベーション」という言葉をご存じでしょうか。直訳すれば、それぞれ「蛙《かえる》跳び型発展」、「イノベーションの逆流」です。これは、先進国より発展が遅れる貧しい発展途上国の方が、先進国を上回る急激な発展を遂げたり、先進国には存在しないと思われていた発展途上国に特有の需要に対応した技術やサービスが実は先進国にも同様の需要があり、発展途上国の技術やサービスがそのまま先進国に入ってきたりすることを意味する言葉です。

リープフロッグ型発展の一例として、「インド版マイナンバー制度」と言われる「アーダール（Aadhaar）」があります。「アーダール」（ヒンディー語で「基礎」の意味）とは、インドではほとんど管理されてこなかった住民の戸籍を、手の10本の指紋と目の虹彩《こうさい》情報を登録して管理する制度のことです。もう既に13億人以上の戸籍が「アーダール」によって管理されているので、インドの総人口の約9割以上の登録が完了したことになります。

このおかげで銀行口座の開設も容易になり、現金もクレジットカードもスマートフォンがなくても、事前に手続きさえしておけば、指一本で決済が可能になったのです。既に7億人近くが「アーダール」と銀行口座との紐付けも終えており、新型コロナウイルスまん延時の給付金もすぐに貧困層の銀行口座に振り込まれ、新型コロナワクチンの接種予約も接種証明書もすべてスマートフォンひとつで可能になっています。

もちろんインドでは高齢者（65歳以上）の割合が6・5％（2020年）と日本の29・1％（2021年9月15日現在）と比べて低いので、スマートフォンを活用できる比率に差があることは否定しません。ただその数値を考慮しても、両国の差は歴然です。インドは1人当たりGNI（国民総所得）が日本のわずか20分の1に過ぎませんが、間違いなく日本より先を行っています。

そしてさらにインドより貧しいケニアも日本より先を行っています。それが携帯電話を使った送金サービスのM-Pesa（Mは「モバイル」、Pesaはスワヒリ語で「金」の意味）です。ケニアでは、農村から都市へ出稼ぎに行く人々が多く、農村の家族へ送金する需要が存在していました。しかし、ケニアのような貧しい地域ではこれまでその日暮らしの生活者が多く、預貯金のために銀行口座を作る必要性はありませんでした。また送金時における銀行側が取る手数料の高さも、人々から銀行口座開設を遠ざけた要因といわれていています。

銀行側からすると、銀行口座をつくってくれたはいいが、利用者が銀行口座にほとん

2-5　インドのアーダールカード（ダミー）。indiaimages／Shutterstock. com

2-6　ケニアでは小さな商店でも店先にM-Pesaが使えることを表示している。Nicola_K_photos／Shutterstock. com

ど入出金してくれないと、口座の維持・管理手数料だけで莫大《ばくだい》な費用がかさんでしまうため、銀行口座の開設基準を低くすることはできないのです。銀行口座だけでなく日本では至る所に見られるATMや銀行の支店はケニアにはほとんどありません。そのためケニアでは郵送か手渡しが中心でしたが、紛失や治安の悪さから盗難や持ち逃げも多くあったそうです。これらの問題点を一気に解消できたのが、携帯電話を使った金融サービスでした。

このM-Pesaは、都市だけでなく農村にも数多く存在する小規模な商店など国内約10万店にも及ぶ窓口に行って自分のアカウントに現金を預け、送金したい時にSMS（ショートメッセージサービス）を使って送金先と送金額を指定し、送金したい相手に暗証番号を送ります。一方、受け取り手は、受け取った暗証番号を取り次ぎを行う近くの商店で提示すれば、現金を受け取れる仕組みになっています。最近では電気代や水道代、学費の支払いなどもM-Pesaを使っての決済が増えており、ケニア国民のM-Pesaを含めたモバイル金融の利用率は、76・8％（2016年）と日本の7・5％（2016年）とは比べものにならない高さになっているのです。

スピード感に欠ける日本

このように特定の分野で日本が時代遅れになってしまった原因は、社会基盤と呼ばれるインフラストラクチャー（略してインフラ）が少しずつそして着実に隅から隅まで整備され、快適な生活環境が築かれてきてしまったことです。これまでこのことは日本人として誇るべきことでした。しかしそのインフラは旧来型ですから、新型コロナウイルスなど非常時にはスピード感が欠けることを露呈させました。

新型コロナウイルスの第一波まん延時の緊急事態宣言中に、国民全員に10万円が支給されました。その際、自治体から封書が送られてきて、自分の銀行口座の口座番号を書いて返送し、1か月ほど経《た》ってようやく振り込みが行われました。入金が1か月も待てない人々も少なからずいたはずです。今後、日本では巨大地震等の災害が予想されています。このままでは有事の際に助けられる命も助けられなくなる可能性があります。

少子高齢化に政府や自治体の財政難、そして自然災害リスク……これまでのインフラだけでは日本の持続可能な発展は望めません。インドやケニアなどの発展途上国から学ぶ謙虚な姿勢が日本には求められています。

教育機会の拡大

現在、発展途上国の中には「後発開発途上国」と呼ばれる、極めて貧しい国がありま す。貧しさから抜け出せない一つの要因として、教育水準の低さが挙げられます。教育水準を見る一つの指標に識字率がありますが、貧しい国であればあるほど識字率が低い傾向を示します。識字は読み書きできる能力のことです。会話は日常生活の中で可能となりますが、読み書きの基本は初等教育で習得することになります。しかし後発開発途上国では、水くみや農作業の手伝いなどで小学校に行きたくても行けない子どもたちが多いため、識字率が低くなっています。また、国自体が貧しいため教育サービスにお金がかけられず、そもそも小学校の数が少ないのです。識字率が高くなると、音声だけでなく文字情報から分野や時代を問わずさまざまな知識や技術を習得することができるようになります。こうして習得した知識や技術を生かして今の社会環境をより良くしよう、国全体をより良くしようという人々が次第に増え、国全体の発展につながっていくわけです。

今後、情報通信技術がさらに発達し、後発開発途上国でもインターネットによる動画視聴が可能になれば、これまで学校に行かなければ習得できなかった読み書きも、動画を通して学ぶことができ、習得が可能になります。そうなればこれまでにはなかったスピードで、識字率が上がり、後発開発途上国から脱却する日も急速に早まることになります。そのためには先進国の旧来型技術を活用し、後発開発途上国でも普及するだけの安価な通信料で提供できる情報インフラの整備がいかに早く進められるかが鍵となります。

何が「フェア」なトレードなのか

植民地化の「負の遺産」が今も残っている⁉

フェアトレードという言葉をご存じでしょうか（2-7の基準を参照）。最近コンビニやカフェでも2-8、9の認証ラベルを見ることが増えてきました。これらはフェアトレードで取引されたコーヒー豆やチョコレートなど菓子類に与えられる認証です。最近、巷《ちまた》では環境問題への取組みとしてのフェアトレードを強調しているものもあります。

フェアトレードは、一般に「発展途上国の農産物などを、適正な価格で買い取る貿易」などと言われます。そもそも生産物を適正な価格で買い取るのは当たり前なのに、なぜ発展途上国の農産物をめぐる貿易では公平・公正さが保たれていないのでしょうか。それは欧米諸国によって行われた植民地化の「負の遺産」があるからなのです。植民地化の「負の遺産」とは、「プランテーション」と呼ばれる農業のことです。

経済的基準	社会的基準	環境的基準
・フェアトレード最低価格の保証 ・フェアトレード・プレミアムの支払い ・長期的な取引の促進 ・必要に応じた前払いの保証など	・安全な労働環境 ・民主的な運営 ・差別の禁止 ・児童労働・強制労働の禁止など	・農薬・薬品の使用削減と適正使用 ・有機栽培の奨励 ・土壌・水源・生物多様性の保全 ・遺伝子組み換え品の禁止など

2-7　国際フェアトレード基準の原則。国際フェアトレード基準の最大の特徴は、生産コストをまかない、かつ経済的・社会的・環境的に持続可能な生産と生活を支える「フェアトレード最低価格」と生産地域の社会発展のための資金「フェアトレード・プレミアム（奨励金）」を生産者に保証している点。フェアトレード最低価格とプレミアムは、生産地域の物価・経済状況等と、買い手側の意見を考慮し綿密な調査と総合的な判断により、産品ごと、生産地域ごとに明確に設定されている。

2-8　レインフォレストアライアンス認証ラベル。

2-9　国際フェアトレード認証ラベル。原料が生産されてから、輸出入、加工、製造工程を経て「国際フェアトレード認証製品」として完成品となるまでの各工程で、国際フェアトレードラベル機構が定めた国際フェアトレード基準が守られていることを証明するラベル。

「プランテーション」は植民地化をきっかけに始められ、その多くが欧米諸国の企業が直接経営する大農園で、熱帯・亜熱帯性作物のコーヒー豆やカカオ豆（チョコレートの原料）などを大規模に大量栽培します。欧米諸国の企業は、この大農園の管理や作物の栽培・収穫作業を、現地の人々（以前は奴隷制も用いられていた）に低賃金で行わせてきました。その後、第二次世界大戦が終わり、多くの植民地は独立を達成していきましたが、この経済的主従システムは現在でも残り続けることとなりました。

確かに独立後、欧米諸国の企業は直接経営からは手を引き、大農園の多くは現地の中小農家に分割して引き継がれました。しかし、現地の中小農家は大市場である先進国で販売する流通チャネルを持っていないため、結局欧米諸国の企業に頼らざるを得ない弱い立場のままにあります。また一部の大農園は、現地の資本家たちによって引き継がれましたが、新たな農園主となった資本家たちも欧米諸国の企業と同様、農作業は低賃金で雇った農業労働者に任せ、自分たちは都市部の大豪邸に住み、豊かな暮らしを送っています。

こうして生産された農産物は、農園主から買い手である欧米諸国（旧宗主国）の企業が安値で仕入れ、加工処理した後にさらにその他の流通業者を経て、カフェやコンビニ、スーパーマーケットなどのお店で販売されています。この生産・流通過程を経て、私たちは格安で美味しいコーヒーを飲めたり、チョコレートを食べたりできているのです。言い換えれば、私たちは農園で働く貧しい農業労働者の犠牲のおかげで豊かな生活が送れているのです。この悪しきシステムが固定化されてしまった背景にあるのが、植民地化だったというわけです。

価格安定・維持のために始まった

もちろんこの流れを変えるために始まったのがフェアトレードではあるのですが、もう少し複雑な事情もありました。例えばコーヒー豆の場合、第二次世界大戦後、世界的にコーヒー豆の需要が増加し、コーヒー豆の市場価格は上昇を続けたため、中南米の伝統的なコーヒー豆生産国であるブラジルやコロンビアに加え、アフリカやアジアの国々もコーヒー豆の増産に踏み切りました。その結果、1950年代後半には供給過剰から価格が低迷し、生産国は外貨収入が減り、困窮する農家も出てしまいました。そこで価格の安定・維持を図るため、コーヒー豆の主要生産国が各年の輸出割当量を定める国際協定を1962年に発効しました。しばらくはこの協定の効果から、コーヒー豆の価格は安定していました。

しかし、これも失敗に終わります。最大の生産国であるブラジルで1985年に大干ばつが起こってしまいました。この影響による不作からコーヒー豆の価格が高騰してしまい、輸出割当量をめぐって生産国と消費国が対立するようになってしまいました。確かにコーヒー豆などを栽培する熱帯・亜熱帯の地域は、熱波や干ばつなどによる異常気象や病虫害が発生しやすい地域で、生産量の変動がどうしても大きくなりがちです。

先進国の上から目線をやめる

こうした異常気象などの自然災害による価格変動リスクを回避するため、次に採り入れられたのが先物市場でした。この先物市場は、事前に価格を決めて売買できるメリットがあるので消費国にとって安定調達は可能なのですが、消費国側の景気の動向など不確定要素が多く、そこに投機マネーが流入してくるため、どうしても価格の変動が大きくなります。このようになると結果として、生産者にとっては安定した収入は望めないため、生産意欲が上がらず、新たな農業投資も行いにくくなっていきます。コーヒー豆の貿易において、これらすべての問題を解決するための手段となるのがフェアトレードなのです。

フェアトレードでは、利益を目的としないNGO（非政府組織）が、労働者の人権や生活向上といった社会的基準、農園での農薬の使用規制など環境的基準を満たした発展途上国の生産者をまず認定します。そして最低価格や奨励金の支払いを保証する先進国の輸入業者や製造業者を認定します。

ここに「フェア」なトレードの本当の意味があるのです。何でもかんでも高値で買い取るわけではないのです。当たり前なのですが、社会的基準や環境的基準を満たした良質のものをつくってくれれば、それに見合うだけの価格（経済的基準）で買い取ります。そうなれば、発展途上国の農業労働者も良質のコーヒー豆を作る生産意欲に着実につながっていきます。

そしてまた買い手である先進国の私たち消費者は自分たちで美味しいコーヒー豆もカ

カオ豆も栽培できる環境はほとんどないわけですから、発展途上国にお願いをして質の高い農産物を作ってもらわないといけないのです。つまりフェアトレードは、発展途上国の農業労働者も、先進国の消費者も、お互いにとって持続可能な開発につながるための取組みということが言えます。

先進国の買ってやっているという上からの意識をやめること、それが「フェアトレード」の第一歩なのかもしれません。

なぜ中央・南アメリカは所得格差が大きいのか

民族紛争の根底にあるもの

所得格差の原因は一言でいえば植民地化による影響が尾を引いていることです。アジアやアフリカも確かに欧米諸国による列強から植民地化を受けました。しかし中央・南アメリカは、アジアやアフリカには存在しなかったある制度が持ち込まれました。それが奴隷制です。中央・南アメリカの大部分を植民地化したスペインは、植民地化の過程で現地の人々を虐殺していったため、労働力が圧倒的に不足していました。そこで不足した労働力を補うためにアフリカから黒人を奴隷として連れてくることにしたのです。

旧宗主国のスペインやポルトガルなどから渡った入植者には大規模な土地が与えられ、彼らの下で奴隷として過酷な農業労働に従事させられました。もちろんかつての奴隷制があった頃とは比較も出来ませんが、現在でもこの流れが世襲として引き継がれ、農園主と農業労働者という主従関係、つまり絶対的な格差が残されているのです。そしてこの流れが農業以外の社会においても、ヨーロッパ系白人の地位が上、アフリカ系黒人の地位が下であることが多く、それゆえ所得格差が大きくなってしまっているのです。

そして所得の高低差が教育の高低差に繋《つな》がりやすいため、さらに所得格差が広がる傾向にあります。今日では中央・南アメリカの一部の国では混血化もかなり進んでいるのですが、人種・民族の違い→所得格差→教育格差→さらなる所得格差……となってしまった流れはなかなか変えられません。今風に言えば「人種・民族ガチャ」、「親ガチャ」と言ったところでしょうか。

また、中央・南アメリカは政治が未熟なこともあって、社会保障の整備がなかなか進まず、失業給付や生活保護などによる所得格差の是正がほとんど一部の国を除いて行われていません。このことも中央・南アメリカの国での所得格差が拡大している一因と言われています。所得の不平等を測るジニ係数は、南アフリカに次いで中央・南アメリカの国が続きます（2-10）。

国としてイーロン・マスクやジェフ・ベゾスといった世界的な起業家を育成すること

は悪いことではありません。でもそれが国内の所得格差を広げ、多くの人々の不満が渦巻くような社会を一方で作り出しているとしたら……こんな悲しいことはありません。なぜなら今日の世界各地で起こっている民族紛争の根底にあるのは、貧困による所得格差や利権の違いが最大の要因ではないかと私は考えているからです。所得格差や利権の違いからくる妬み、嫉《そね》みがいつのまにか民族的な違いに結びつけられ、人々は仲間をつくって戦おうとする。そうなるといつの間にか民族による対立に仕立て上げられ、本当の対立の原因が見えなくなっている気がするのです。

今日のウクライナ問題もしかりです。かつてソビエト連邦（ソ連）を構成していた15か国のうち、1人当たり所得水準が低いのは実はジョージア、モルドバそしてウクライナです。かつては平等を重

	国名	ジニ係数
1	南アフリカ	0.62
2	ブラジル	0.48
3	コスタリカ	0.48
4	チリ	0.46
5	メキシコ	0.42
6	ブルガリア	0.40
7	トルコ	0.40
8	アメリカ	0.40
9	イギリス	0.37
10	リトアニア	0.36

2−10　ジニ係数は所得の不平等さを測る指標。0から1で表され、各人の所得が均一で格差が全くない状態を0、たった1人が全ての所得を独占している状態が1。0に近いほど平等な社会。（OECD）

んじた社会主義共産圏のソ連で同じひとつの国だったのです。それがソ連解体後、構成国の所得格差が広がっていきました。ちなみにこの低所得な3国はすべてロシアと極めて仲が悪い国です。そんな不満がウクライナの人々にあることをどれだけマスコミが報道しているでしょうか。私は所得格差を是正することが、民族対立を和らげ、世界から紛争を減らしていくことにつながっていくことだと、信じています。

第3章

経済成長は世界に平和をもたらすのか？

中東産油国は豊かなのか

潤沢な資金で砂漠に畑を

中東とはヨーロッパから見て、極東（主に東アジア）と近東（トルコやシリア、エジプトなど）の中間の場所で、主にペルシア湾に面する国々を指しています。ペルシア湾は石油の埋蔵が多い褶曲《しゅうきょく》構造（堆積していた水平な地層が地殻変動で波状になった構造）部分にあたり、20世紀初めから欧米のメジャーとよばれる石油の探査・採掘から販売までを取り仕切る国際石油資本によって開発が進んできました。

その後、1960年代に入るとペルシア湾の産油国を中心に自国の資源を守ろうとする動きである資源ナショナリズムが高揚してきます。その結果、資源カルテルのひとつとして1960年にOPEC（石油輸出国機構）、1968年にOAPEC（アラブ石油輸出国機構）が結成されました。この流れの中で1973年に第4次中東戦争が発生し、

3-1　センターピボット農法。iStock. com／Abdelrahman M Hassanein

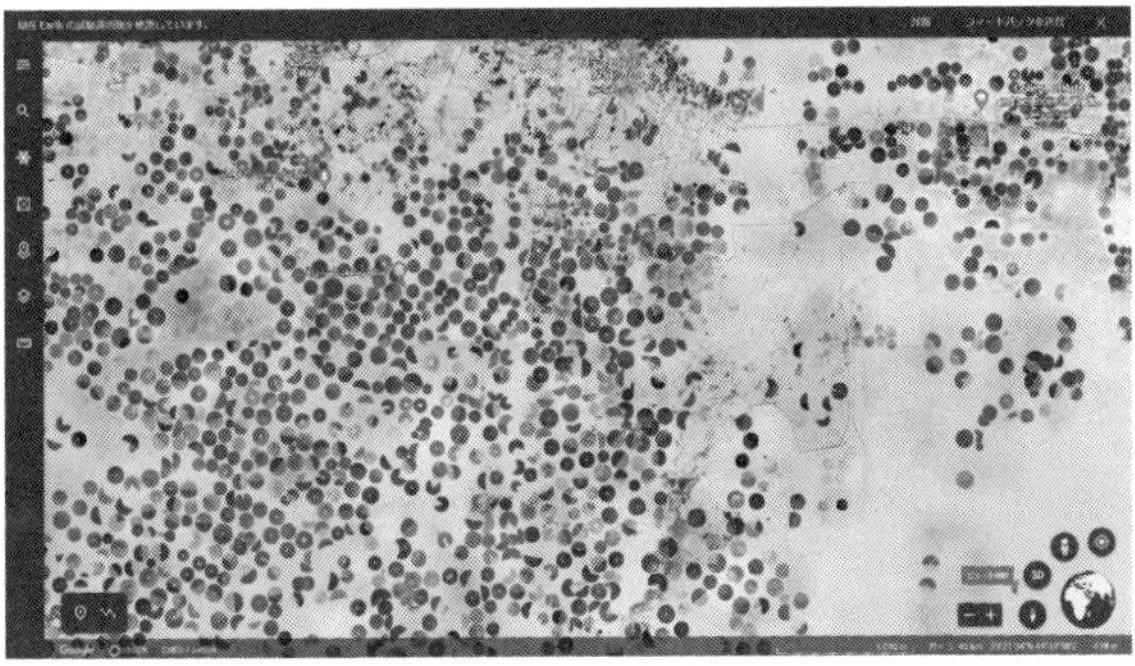

3-2　サウジアラビア、ワディ・アド・ダワシル付近には、センターピボット農法による円形農場が広がっている。円のひとつひとつが畑になっていて、円の半径は400m 。google earth より

第1次石油危機が起こりました。その後、石油価格の上昇から中東の産油国は莫大《ばくだい》な富を手にするようになります。

サウジアラビアやアラブ首長国連邦などは、この資金を使って砂漠の地にさまざまなものを作り上げていきました。具体的には、近代的な都市整備を進めたり、地下水を汲《く》み上げて巨大なアームに付いたスプリンクラーを回転させ散水するセンターピボット農法を行ったり（3－1、2）、国民には公務員として職を提供したりと、豊かな生活を送ることができるためにお金でできることは何でもやっていきました。

「化石」は必ず枯渇する

ただその一方で負の側面が現れ始めました。ひとつが水資源の枯渇です。サウジアラビアの年平均降水量は59㎜と極少ですが、面積が広くて人口が少ないため1人当たり年降水総量（年降水量÷人口）は３８３２㎥と、ドイツの３０２５㎥よりも多いほどです（ＦＡＯ＝国連食糧農業機関「ＡＱＵＡＳＴＡＴ」の２０２１年6月時点の公表データ）。しかし、大部分が砂漠環境下にあるサウジアラビアは蒸発散量が多いため、年降水総量か

国名	① 面積	② 人口	③ 平均 降水量	④ 年降 水量	⑤ 1人当たり 年降水総量	⑥ 水資源 賦存量	⑦ 1人当たり 水資源 賦存量	⑧ 水使用量	⑨ 水資源 使用率
世界	13382	754323	1171	156660	20768	54737	7256	4012	7.0%
ロシア	1710	14553	460	7865	54045	4525	31096	64.4	1.4%
オーストラリア	774	2459	534	4134	168146	492	20013	16.6	3.4%
アメリカ	983	32509	715	7031	21628	3069	9441	444.3	14.5%
タイ	51	6921	1622	832	12025	439	6337	57.3	13.0%
日本	38	12750	1668	630	4945	430	3372	81.5	19.0%
フランス	55	6484	867	476	7342	211	3254	26.4	13.0%
ドイツ	36	8266	700	250	3025	154	1863	24.4	16.0%
エジプト	100	9644	18	18	188	58	596	77.5	135.0%
サウジアラビア	215	3310	59	127	3832	2	73	23.4	973.0%
クェート	2	406	121	2	532	0.02	5	1.3	6250.0%
単位	万㎢	万人	㎜／年	㎦／年	㎥／人・年	㎦／年	㎥／人・年	㎦／年	
計算式④は①×③、⑤は④÷②、⑦は⑥÷②、⑨は⑧÷⑥									

3-3　世界の水資源賦存量等（FAOの公表データを元に国土交通省水資源部作成）

ら年蒸発散量を引いた理論上使用できる水の量である水資源賦存量は、同じ1人当たりで見た場合、わずか73㎥と、ドイツ（1863㎥）の25分の1以下しかないのです。

ところが実際に使用されている水の量を同じように1人当たりで比較すると、サウジアラビアが707㎥、ドイツが295㎥と逆に2・4倍も多いのです。ここで疑問に思われた方も多いでしょう。なぜサウジアラビアは1人当たり水資源賦存量より1人当たり使用量が多いのか。もちろんそれは理論上使用できないはずの水を大量に使用しているからに他なりません。それは化石水と呼ばれる地下水の一種と海水です。

化石水とは「地層の堆積時にその中に封じ込められ、数百万年またはそれ以上も水循環から切り離されている水」（日本大百科全書）のことで、もともと海水起源のものもあります。ただ重要なのは「化石」であって、通常の地下水とは違って降水などから補充されず、化石燃料と同じく使用すれば減っていく一方です。サウジアラビアはなんとこの化石水に水使用量の約82％を頼っています。化石水の大部分が大規模灌漑《かんがい》農法のセンターピボット農法に使用されており、現在のペースで使用を続けると、２０３０年までに一部地域では枯渇が始まり、２０８０年には完全に枯渇するそうです。ちなみに水使用量は無料、生産された小麦は国際価格の数倍で買い取るなどの優遇策をサウジアラビア政府が行ってきました。

化石水が枯渇した場合、現在ほぼ自給できている主食の小麦は、逆に海外からの輸入に依存しなければならなくなります。

お金だけでは買えない水と健康

また、水だけでなく食に関しても深刻です。オイルマネーで豊かな生活を享受できる

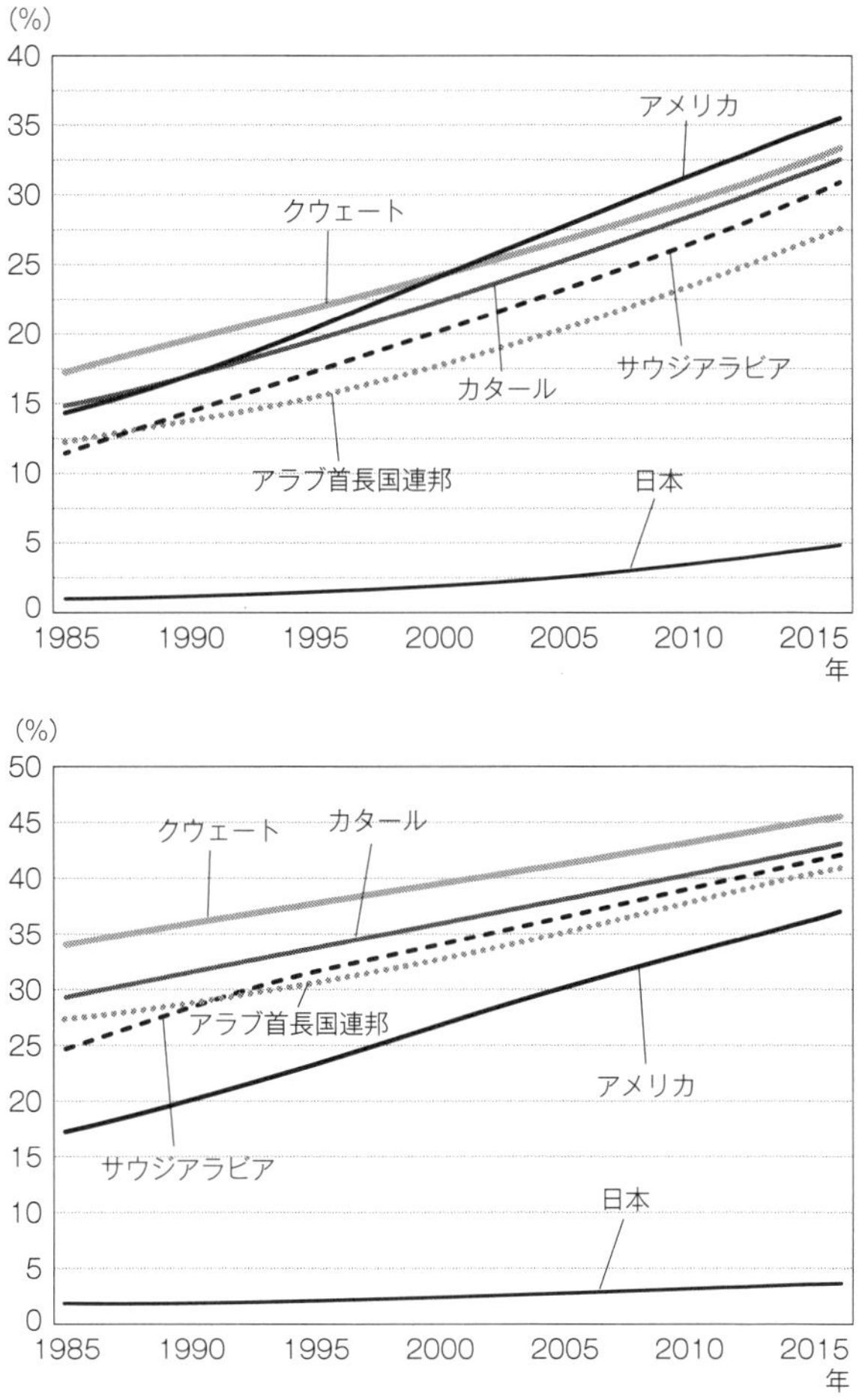

3－4　18歳以上人口における肥満度指数（BMI）30以上の人口比率。BMI＝体重kg÷（身長m）^{2}　各国の年齢構成差異を補正した年齢調整後の肥満率。（WHOの資料より作成）上が男性、下が女性。

ようになった結果、食生活が高カロリーかつ高タンパクな欧米型へと変化し、伝統的な食生活が失われていきました。ただ、デーツ（ナツメヤシの実）などの甘味を大量に食べる食習慣は残されたままでした。そして人々はエアコンが効いた快適な室内から外へと出ることが少なくなり、消費エネルギーも減ってしまいました。

その結果、肥満率では男性はアメリカ合衆国よりは下ですがそれでも中東産油国の多くが25％を超え、女性に至っては40％を超える状況です（3－4参照）。

とくに女性の肥満率が高い背景には、文化的な影響が大きいとされています。イスラームの文化圏であるため女性の地位が極めて低く、外に出て働く人々が少ないことや豊満な肉体を持つ女性が好まれるといった価値観が大きく影響しているそうです。

もちろん肥満は生活習慣病の要因とされており、糖尿病の罹患《りかん》率も高くなっています。多くの中東産油国では医療費は無償となっているため、今日では医療費の負担が政府に重くのしかかる結果となっています。こういった状況を作り出したのは豊富な石油あってこそです。化石燃料である石油はいつか必ず枯渇します。中東産油国が100年、200年後も石油なしで持続可能かどうかの勝負の時が始まっています。

コンフリクトミネラルズが助長する紛争

コンゴの政情不安がもたらすもの

今日、ヨーロッパでは温室効果ガス削減のために電気自動車の黎明期《れいめい》に入ろうとしています。イギリスでは2030年、EUは2035年にガソリン車の販売を禁止することが発表されました。電気自動車にはいくつか種類がありますが、この電気自動車のモーターの動力源はもちろん電気ですが、その電気を充電し蓄えておくために欠かせないのが現在のところリチウムイオン電池です。リチウムイオン電池はスマートフォンやノートパソコンの電池としても使用されてきましたが、電気自動車にもリチウムイオン電池は必要であり、その材料も大量に必要となります。その材料製造に欠かせないのがレアメタルのコバルトやニッケルです。

レアメタルとはその名の通り希少性が高いものを意味しているのですが、困ったことに他の資源と比べて偏在性が極めて高いため、資源産出国の政情不安などから供給不安定に陥りやすい資源なのです。なかでもコバルトは、アフリカ大陸の中央付近のコンゴ民主共和国が世界の産出量の約5割のシェアを持っています。そして供給不安になるだけが問題ではなく、もっと大きな問題を抱えているのです。それが「紛争鉱物（コンフリクトミネラルズ、コンフリクトメタル）」と呼ばれる問題です。

この「紛争鉱物」という言葉は、もともと1960年の独立直後から内戦状態が続くコンゴ民主共和国とその周辺の9か国（アンゴラ、ウガンダ、コンゴ共和国、ザンビア、タンザニア、中央アフリカ共和国、ブルンジ、南スーダン、ルワンダ）で採掘したすず（食品の缶やはんだ、集積回路などに使用）、タンタル（電子機器や精密機器などに使用）、タングステン（白熱電球やエックス線管、集積回路などに使用）、金（宝石や歯科用などに使用）の4鉱物に限定して「紛争鉱物」と呼んできました。この地域での4鉱物の採掘にあたっては、過酷な環境下で鉱石の選別や回収作業に子どもが従事させられたり、鉱物の販売によって得られた資金が武装集団の武器調達の資金源になったりしていました。

この「紛争鉱物」にコバルトは入っていませんが、世界最大の人権NGOのアムネス

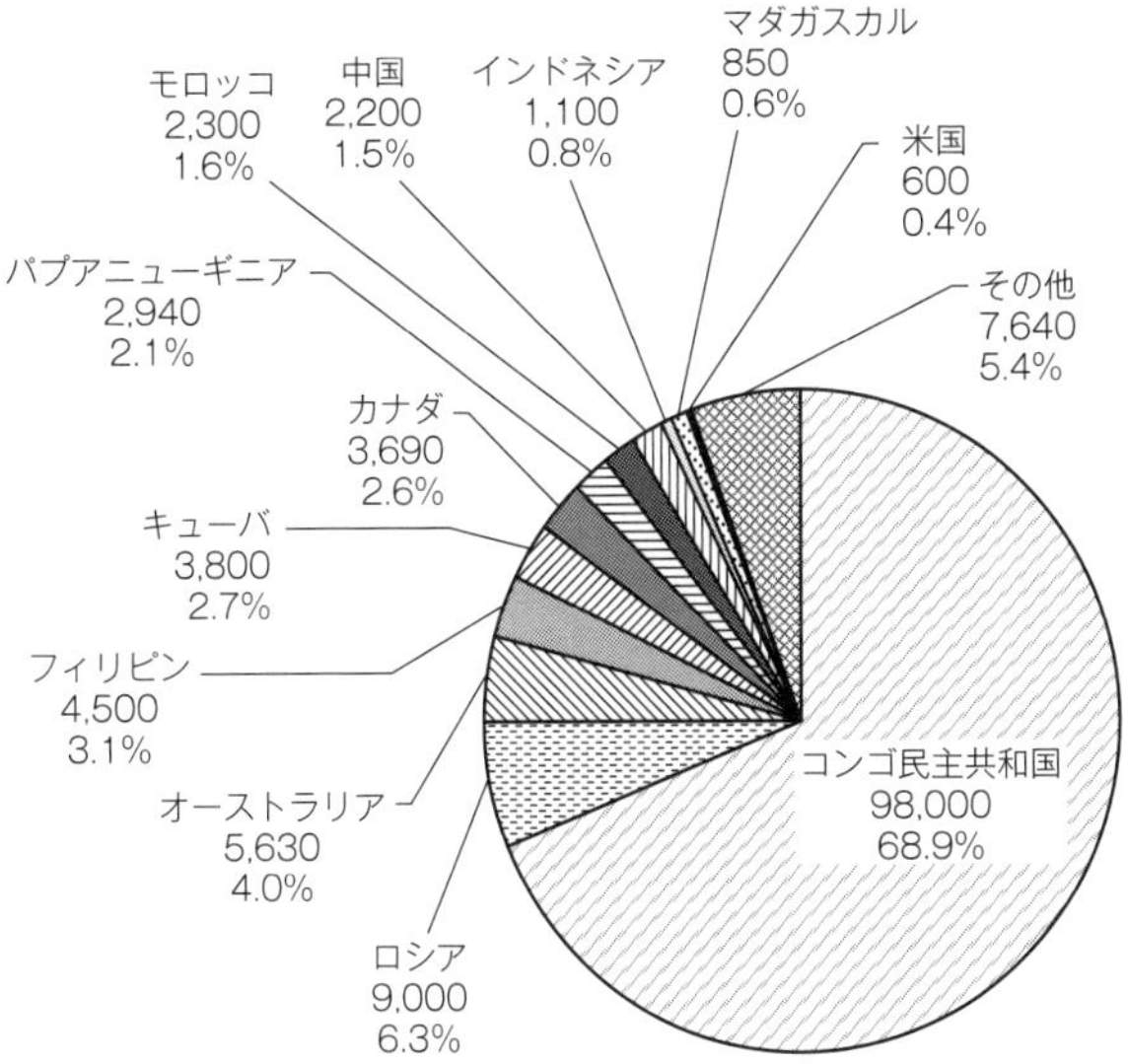

3-5　コバルト鉱石の世界生産量（2020年、単位はトン）。（アメリカ地質調査所）

ティ・インターナショナルはコンゴのコバルト鉱山における児童労働の実態を訴え続けてきました。エレクトロニクス製品や自動車メーカー、バッテリーメーカーなど企業の取り組み状況を調査し、企業名をあげて批判をしました。その資料を見ると、間接的ではありますが、私たちが使うスマートフォンによって児童労働や紛争が助長されている、つまり人殺しに加担していることは否定のしようがありません。アムネスティ・インターナショナルの調査では、コンゴ民主共和国のコバルト採掘現場の場合、最年少は7歳の子供が採掘に従事しており、20％が手掘りで、1日に12時間働いて報酬は1～2ドルという、悲惨な労働環境であると指摘されています。

紛争鉱物が使われていないか情報開示を義務化

ようやく「紛争鉱物」の対策に本格的に動き始めたのは2010年のことです。アメリカ合衆国で2010年に成立した「金融規制改革法（ドッド・フランク法）」の改正によって、外国企業も含めた上場企業に対して「紛争鉱物」が使われていないかどうかの情報開示が2013年から義務づけられることになり、2014年から部品調達先にまでさかのぼった情報開示が求められることになりました。ちなみに日本では同様の法律は存在しません。

なぜこのタイミングだったのか、随分対策が遅いように思うのは私だけでしょうか。背景には中国の存在が大きいと考えています。２０００年に入って中国の企業が「資源大陸」と呼ばれるアフリカへの進出を加速させます。これまでは欧米企業がかつての植民地であったアフリカ大陸の資源を牛耳ってきたわけですが、そこで政府も自国の企業の利益になるのであればと「紛争鉱物」の利用に対しては目をつぶってきたわけです。

ところが２０００年代に入って、資金力の点で中国の企業に勝てなくなった欧米諸国の企業は、「人権」という武器を使って政府の後押しをもらって中国企業の競争力を削《そ》ごうとようやく動き出したからではないか、と考えると合点がいきます。ただこの法律では４鉱物以外は対象外であったため、上述のコバルトは該当していませんでした。

しかし２０２１年にはＥＵが、国を限定せずあくまで紛争状態にある地域を対象にし、上述の４鉱物以外にも鉱物の輸入業者に対して事前の調査を義務づけました。このＥＵの動きも名目上は「人権」でしょうが、２０１０年代以降、中国企業がコンゴ民主共和国のコバルト鉱山の権益を取得するようになってきていたから、と見ることもできます。ただどちらの法律にせよ、抜け道があるとされていますし、スマートフォンで1000点以上、自動車で3万点以上の部品が使われており、サプライチェーンが世界中に広がっている中ではどうやって紛争鉱物を見つけ出すのか、現実的に難しさがあることも事実です。

電気自動車は、生産から輸送、そして利用時のエネルギーが温室効果ガスを排出しない再生可能エネルギーでなければいけないという環境面ばかりが盛んに強調されていますが、その一方で紛争を助長しない資源の調達や電池の開発・普及といった人権面にも目を向けなければなりません。私たちが豊かな生活を送ることができているのは、貧しい国の子どもたちの犠牲の上に成り立っていることを忘れてはなりませんし、それを改善、解消していく義務が企業にも私たち消費者にもあります。

サハラに緑と富を

かつては緑が広がっていたサハラ

アフリカ大陸北部のサハラ砂漠は、世界最大の砂漠としてよく知られています。そもそも砂漠の定義をご存じでしょうか。砂漠とは、降水量より蒸発量が多い、植生がほとんどない地域を指します。英語の「desert」が日本に入ってきた際に、当初「沙漠《さばく》」と表記されていました。しかし「沙」が常用漢字ではなかったことから、代わりに音が一緒の「砂」があてられたことで、日本人の中には「砂漠＝砂が広がる地」との誤解を生んでしまったと言われます。

話は世界最大のサハラ砂漠に戻りますが、この地域は北回帰線付近にあり、亜熱帯高圧帯と呼ばれる高気圧に一年中覆われるため、降水量が極めて少なくなっています（3－6）。しかし、そんなサハラ砂漠にも、今から6000年程前までは豊かな森林が広

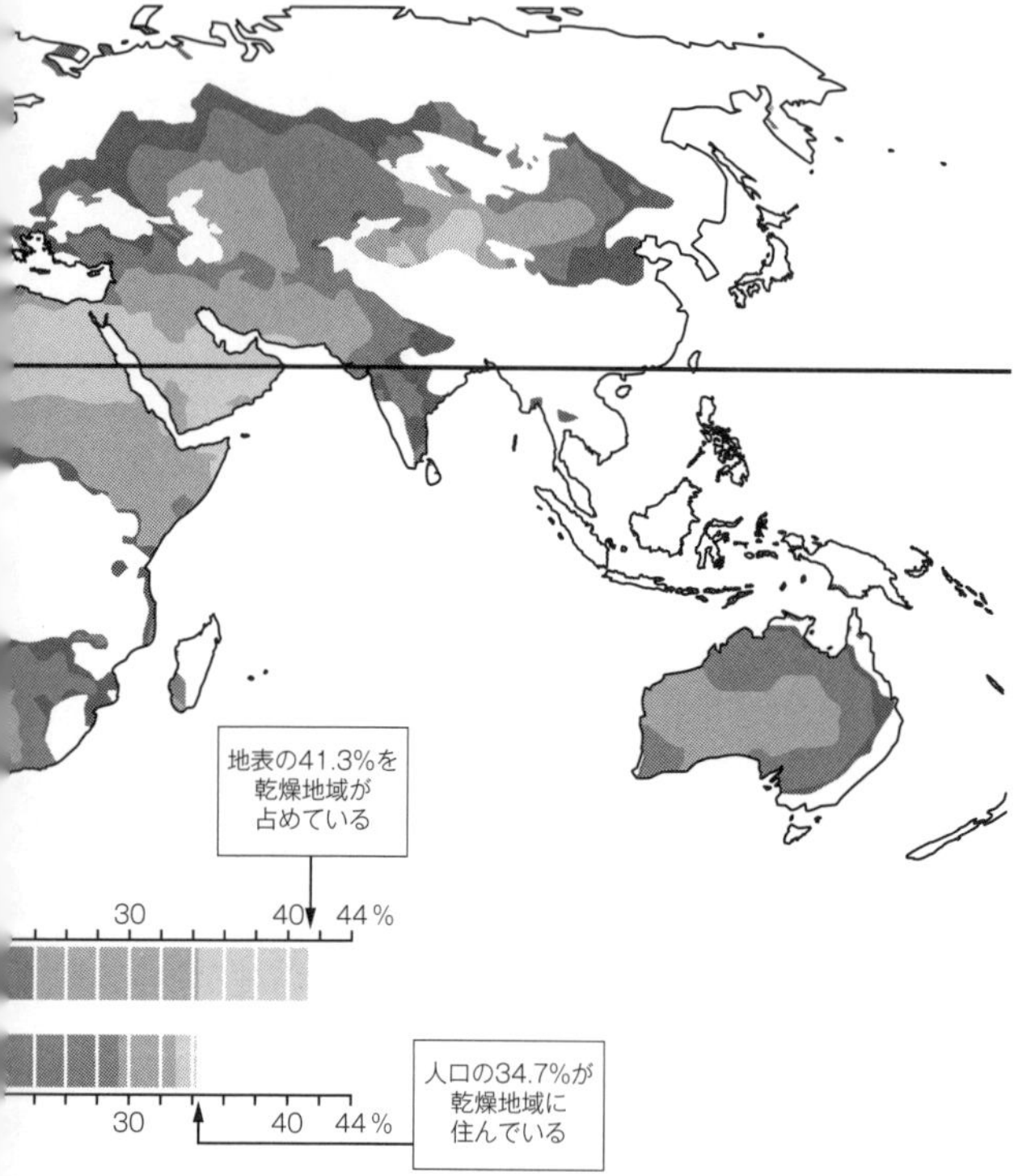
地表の41.3%を
乾燥地域が
占めている
30
40
44%
人口の34.7%が
乾燥地域に
住んでいる
30
40
44%

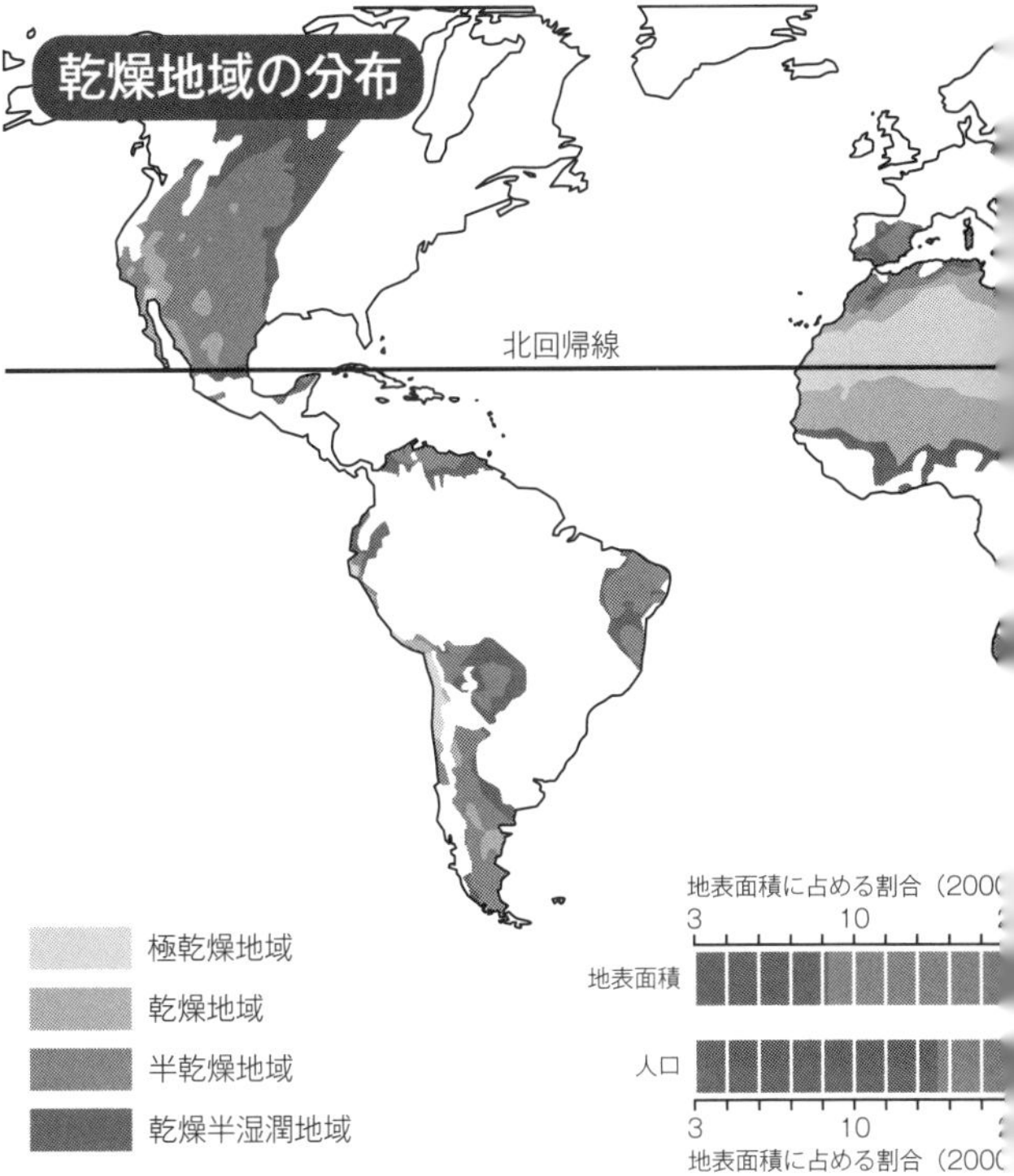

3-6　乾燥地域の分布
（ミレニアム・エコシステム・アセスメント）

がっていました。これは地球が現在とは異なる自転をして、亜熱帯高圧帯が北寄りにあったため、降水に恵まれていたからだと考えられています。

近年、サハラ砂漠周辺では急速に「砂漠化」が進行しています。砂漠化とは、3－6の極乾燥地域の周辺の乾燥地域・半乾燥地域・乾燥半湿潤地域において、土壌劣化が進み農耕不適な土地が広がる現象を言います。

またこの砂漠化が進行する3地域には、世界人口の約3分の1である20億人以上の人々が生活しているのです。当然、砂漠化で農耕ができなくなれば食糧難、飢餓が生じてしまいます。つまり、現在20億人以上の人々が飢餓状態にあるか、またはその危機に瀕しているのです。そのため、とくに砂漠化が著しく進行するサヘルと呼ばれるサハラ砂漠南縁の地域は、国連が定める「後発開発途上国」（3年平均で1人当たりGNIが1018ドル以下などの条件を満たした国）が多く、世界の最貧地域となっています。

ではなぜ砂漠化が近年になって進行しているのでしょうか。大きく2つの要因があります。ひとつには自然的要因です。異常気象による干ばつや地球温暖化によって降水量が減少傾向にあることです。砂漠化が世界的に知られるようになったきっかけは、サヘルで起こった1968～73年の大干ばつでした。また地球温暖化の進行によって「極端現象」が生じているとされ、もともと雨が多い地域ではより雨が多くなり、逆にもともと雨が少ない地域ではより雨が少なくなることがわかっています。

人口爆発が悪循環をもたらす

もうひとつは人為的要因です。人為的要因の背景にあるのは、人口爆発と呼ばれる人口の増大です。一般に貧しい地域では出生率が高くなります。なぜなら、幼い子どもにも家計を支える働き手として期待することや女性の地位が極めて低いため本来望んでいない出産も多いからです。人口爆発が起こると、食料不足やエネルギー資源の不足が生じてしまいます。そこで人々は食料不足、エネルギー資源の不足の解消のため、自然の摂理を越えた過剰な行動を取るようになっていきます。地力が乏しいのに無理に作物を栽培したり（過耕作）、大量に放った家畜が草木を食べ尽くしたり（過放牧）、また火をおこすための薪《まき》を大量に採取したり（薪炭材の過伐採）します。

こうして地表から植生が失われると、保水機能が低下するため、風雨にさらされやす

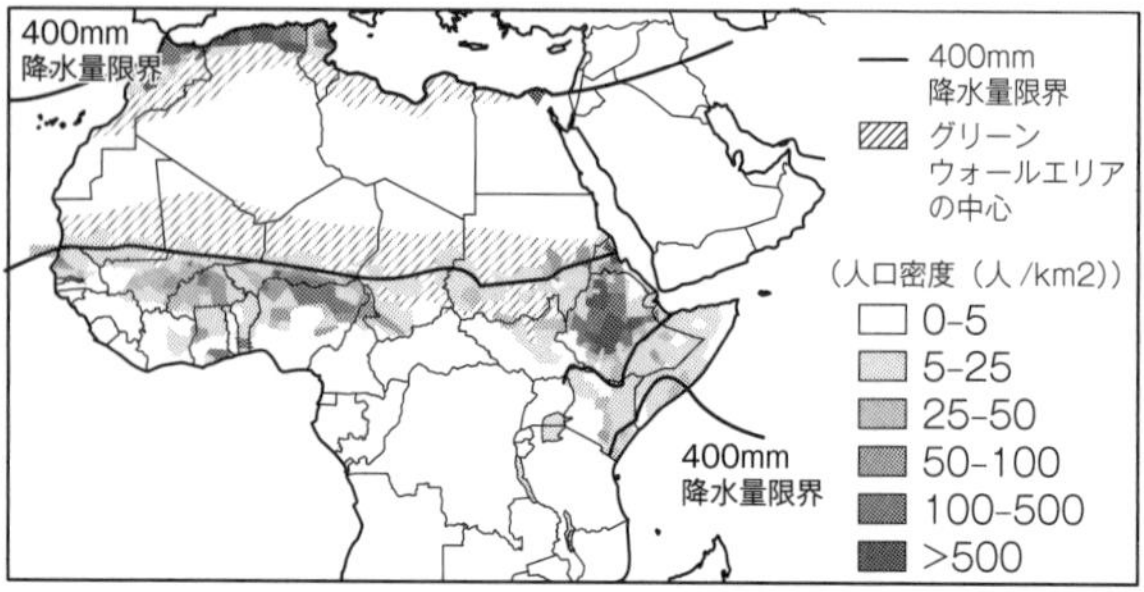

3−7　北アフリカの乾燥地帯における乾燥地域と人口密度

くなり、せっかく地表にあった栄養分を含んでいた土も削られて失われてしまいます。この結果、作物栽培はもちろん自然の植物ですら生えなくなってしまいます。これが砂漠化です。砂漠化によって食料生産ができないため、ますます貧しさから抜け出せなくなり、人口爆発が生じ、また過耕作や過放牧、薪炭材の過伐採へという悪循環となっているのです。

サヘル地域では砂漠化の影響から大規模な人口移動が生じてきました。3−7を見ると、砂漠化の影響から2つの動きが示されています。ひとつが内陸のサヘルから海岸部、とくにギニア湾岸諸国への人口移動です。海岸部は海洋からの湿潤風の影響から内陸部と比べると降水に恵まれます。なかでもギニア湾岸の国々は赤道寄りにあるため、熱帯性の高温多雨な気候を利用したカカオ豆などの換金性の高い作物栽培が盛んです。

世界最大のカカオ豆生産国であるコートジボワールや日本の最大のカカオ豆輸入相手先であるガーナも、このギニア湾に位置しています。つまりギニア湾岸諸国は、サヘル地域の国と比べると水にも輸出品にも恵まれ比較的裕福であることから、砂漠化で農業ができず生きることもままならなくなった人々は国外のギニア湾岸諸国を目指すようになるのです。ただ、移住先の現地でも文化的に異なることから排斥や迫害にあったり、定職に就けず貧困状態に置かれたりするなど、過酷な環境が待ち受けています。

またもうひとつ、都市へと向かう流れが活発になっていることです。もともと貧しい国では農業従事者が多いため、農村で生活をしている人々（農村人口）が大多数を占めています。しかし、サヘルで生じている砂漠化から農耕ができなくなれば、雇用機会に恵まれる都市に移住しようという動きが加速します。

ただ、貧しい農村出身者は、知識や技術に乏しく、都市に出てもまともな職に就くことができません。その結果、次第に農村出身者を中心とする低所得者層が集住する地区が形成され、劣悪な居住環境のスラムができあがっていきます。

つまりギニア湾岸諸国に向かっても、都市に向かっても、サヘル地域の人々の生活が今より良好になる保証はないのです。それがわかっていても、サヘル地域の人々は移動せざるを得ない状況にまで追い込まれているのです。

大植林政策が人々の生活を変える

このような厳しい環境下にあるサヘルでは、現在、アフリカ連合（AU）や国連などが中心となって「巨大な緑の壁（Great Green Wall）」計画が進められています（3－8）。これは砂漠化を防止するため、2030年までに西端のセネガルのダカールから東端のジブチまで、全長約8000km、幅約15kmにわたって草木を組み合わせて植えていく大植林計画です。ただこの大植林計画は、単なる砂漠化防止の狙いだけではありません。もうひとつの狙いは、サヘル地域の貧しい人々への雇用機会の提供です。

「巨大な緑の壁」計画も含め、植林や砂丘固定といった砂漠化防止対策などの労働に従事した人々には、食料や現金などが配給されます。このような取り組みは「ワークフェア」と呼ばれ、work（仕事）とwelfare（福祉）の造語で、労働を対価にした援助のこ

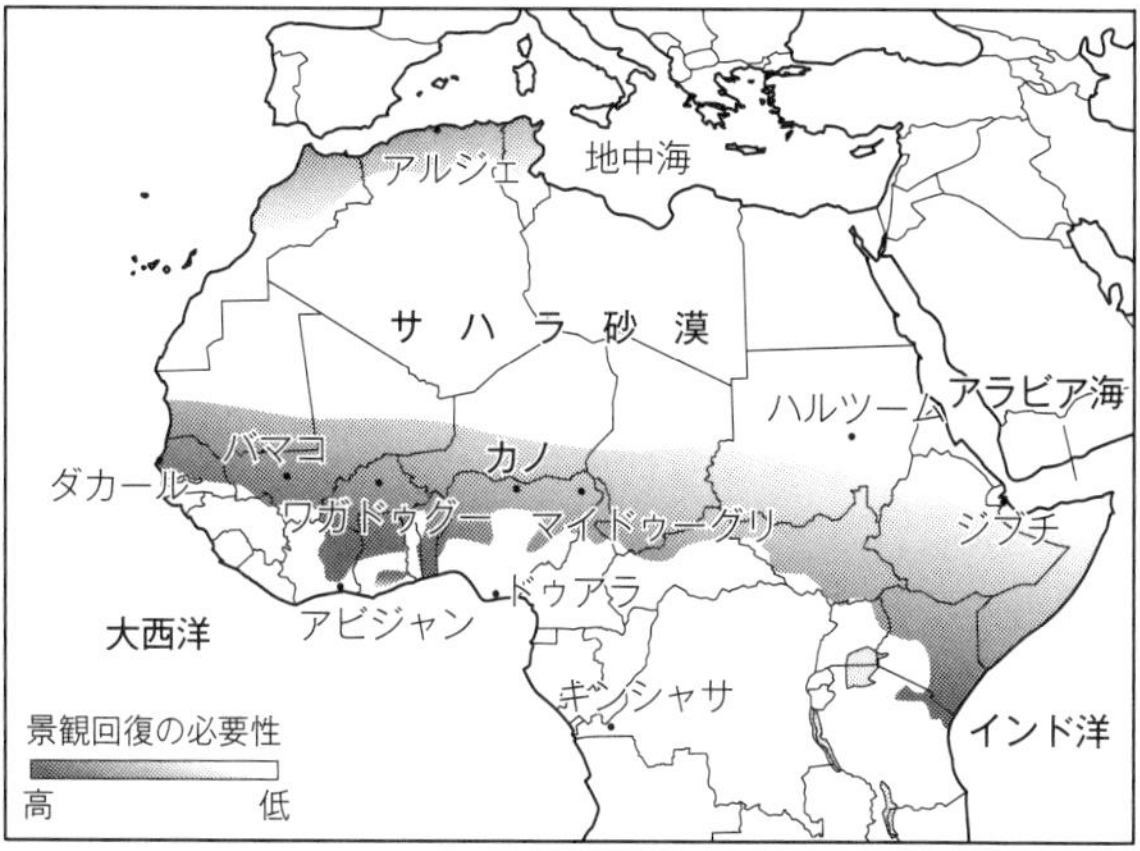

3-8　巨大な緑の壁はサハラ砂漠に沿って計画されている。

とです。無償援助とは違って、援助を必要とする人々に働いてもらった分の対価を支払うことで援助につなげるという取り組みです。一般に無償の食料・現金の給付による援助は、短期的な状況改善にはつながりますが、援助対象の絞り込みが難しく、援助した食料がその国や地域の食料市場に流入する（売買される）ことで、食料価格を大きく変動させてしまうことが多いとされます。

また、無償援助は援助を受けた人々の労働に対する意欲を阻害しやすいということもあります。そこで、無償援助の問題点を補うべく行われているのが「ワークフェア」なのです。「ワークフェア」は、１９９０年代以降、ノーベル平和賞を受賞したＷＦＰ（World Food Programme）が中心となって、発展途上国において積極的に行われるようになりました。

さらに「巨大な緑の壁」による植林効果で、サヘル地域の一部では地下水が増加している場所も現れています。地下水が増えると、子どもたちが片道数時間をかけて水を汲みにいく必要もなくなります。そうなれば子どもたちは学校に通うことができて教育を受けることもできるのです。

「巨大な緑の壁」の誕生にはまだまだ地道な努力が必要ですが、貧困問題と砂漠化防止、そして教育機会の提供という持続可能な開発へ向けた壮大な取り組みがサヘルの地では始まっているのです。

シェールはアメリカに何をもたらしたのか

「第1次シェール革命」から「第2次シェール革命」へ

シェールガスやシェールオイルという言葉を最近耳にするようになりました。シェールガスやシェールオイルの本格的な採掘が始まったのは、2006年頃からであり、まだ15年足らずの新エネルギーです。

名前の由来ですが、「シェール（頁岩《けつがん》）」とは薄い岩盤層が幾重にも積み重なった固い岩盤のことで、その地下1500〜2000mの地層の微細な隙間に埋蔵されている大然ガスや石油のことです。以前からその存在は確認されていましたが、採算があわず採掘が行われてきませんでした。その流れを変えたのが中国など新興国の存在です。2000年代に入ると急速な経済成長を遂げた新興国でのエネルギーの需要が急増し、石油価格がみるみるうちに上昇していきました。つまり多少コストが高くついても、十分利

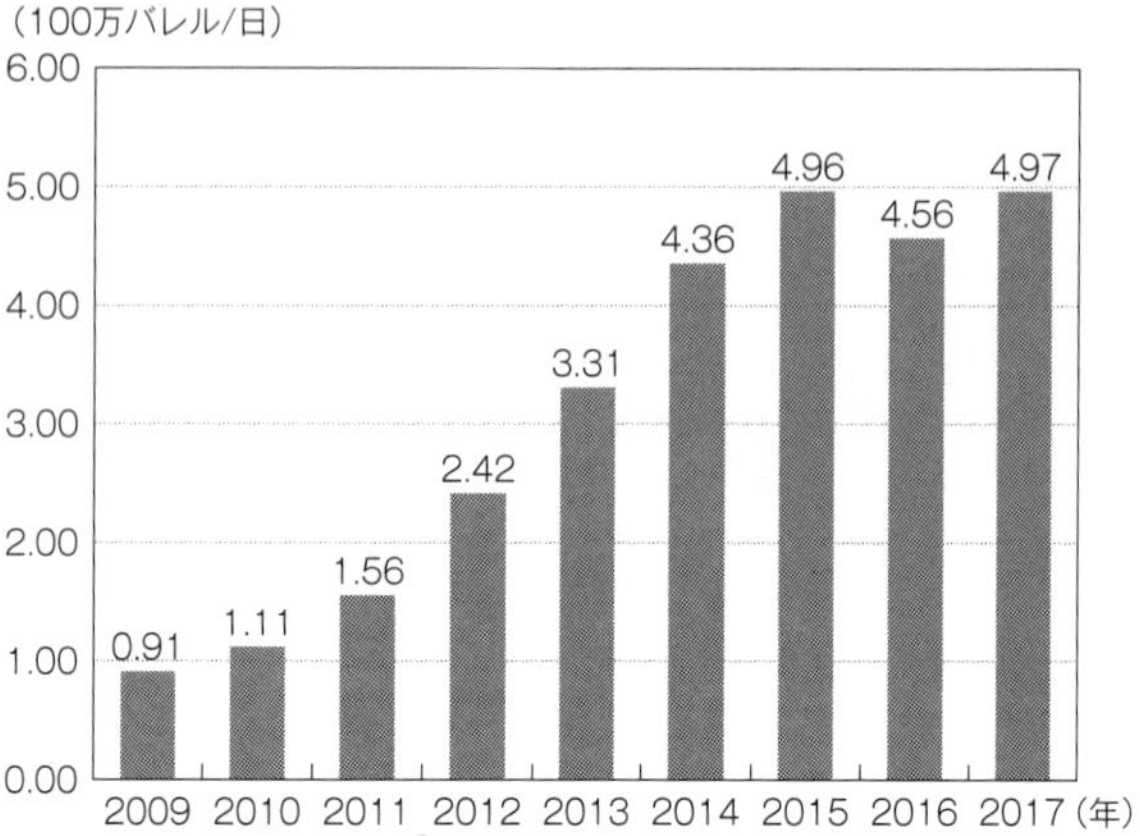

3-9　アメリカのシェールオイル生産量（米エネルギー情報局）

益が出る状況に変わってきました。

そのような中、採掘技術の向上（水圧破砕法、水平坑井掘削法）もあって経済的に掘削が難しいと考えられていた地下2000メートルより深い層の開発が進み、採算が取れるようになったのが2006年頃なのです。そして2010年代に入ってからは採掘量が増大していきました（3-9）。これは「シェール革命」とも呼ばれました。

アメリカ合衆国はシェールガスやシェールオイルの採掘が本格化する以前は、長いこと世界一の天然ガス、石油の輸入国でした。それが現在ではどちらも世界一の生産量を誇るまでになり、純輸出国に変わりました。さら

単位：石油換算千トン	2005年	2013年	増減
生産量	565,282	479,200	－86,082
輸入量	19,596	5,060	－14,538
輸出量	29,460	68,220	38,760
在庫変動	2,902	19,370	16,466
1次エネルギー消費量	558,321	435,410	－122,911

3－10　アメリカの石炭消費量の変化（エネルギー白書）

単位：千トン	2005年	2013年	増減
カナダ	17,659	6,447	－11,212
中南米	5,031	16,648	11,617
欧州	17,036	55,016	38,010
アフリカ、中東	720	3,587	2,867
日本	1,886	4,863	2,975
その他アジア	2,603	19,918	17,315
合計	44,937	106,509	61,572

3－11　アメリカの石炭輸出量の変化（エネルギー白書）

に天然ガスや石油だけでなく、環境への負荷が大きい石炭の消費量を相対的に減らせたことで、産出量を減少させ輸出を増やすことにも成功しました（3－10、11参照）。ちなみにアメリカ合衆国は世界一の石炭埋蔵国でもあるのです。

アメリカ合衆国内では、電力や物流など生産コストの低下からこれまで海外へと移転していた製造業の生産拠点がアメリカ合衆国に留まったり、シェールガスを使うことで石油化学や製鉄のコスト削減や環境負荷の低減につながったり、これらのメリットを求めて新たに海外企業が進出したりするなど、２０１０年代以降の安定した経済成長を支える原動力になりました。さらにアメリカ合衆国の温室効果ガスである二酸化炭素排出量の減少にも大きく繋《つな》がっていると言われています（3－12）。シェール開発が進められた当初指摘されていた、採掘時に大量の水を使用することや使用後の廃水の再処理が追いつかず自然界に放出されることへの懸念も現在では大幅に改善されてきました。アメリカ合衆国はこの「シェール革命」で２０１０年代以降着実に経済と環境の改善両立を進めてきているのです。

国外においては、「シェール革命」によって状況が複雑化しました。これまでアメリカ合衆国は、石油資源確保のため中東産油国との結びつきを重視してきましたが、その必要性が減ったため、シリアなど中東での内戦や紛争に直接手を出すことがなくなったとも言われています。言い換えればそれがシリアからの大量の難民を発生させる遠因となったとも考えられます。

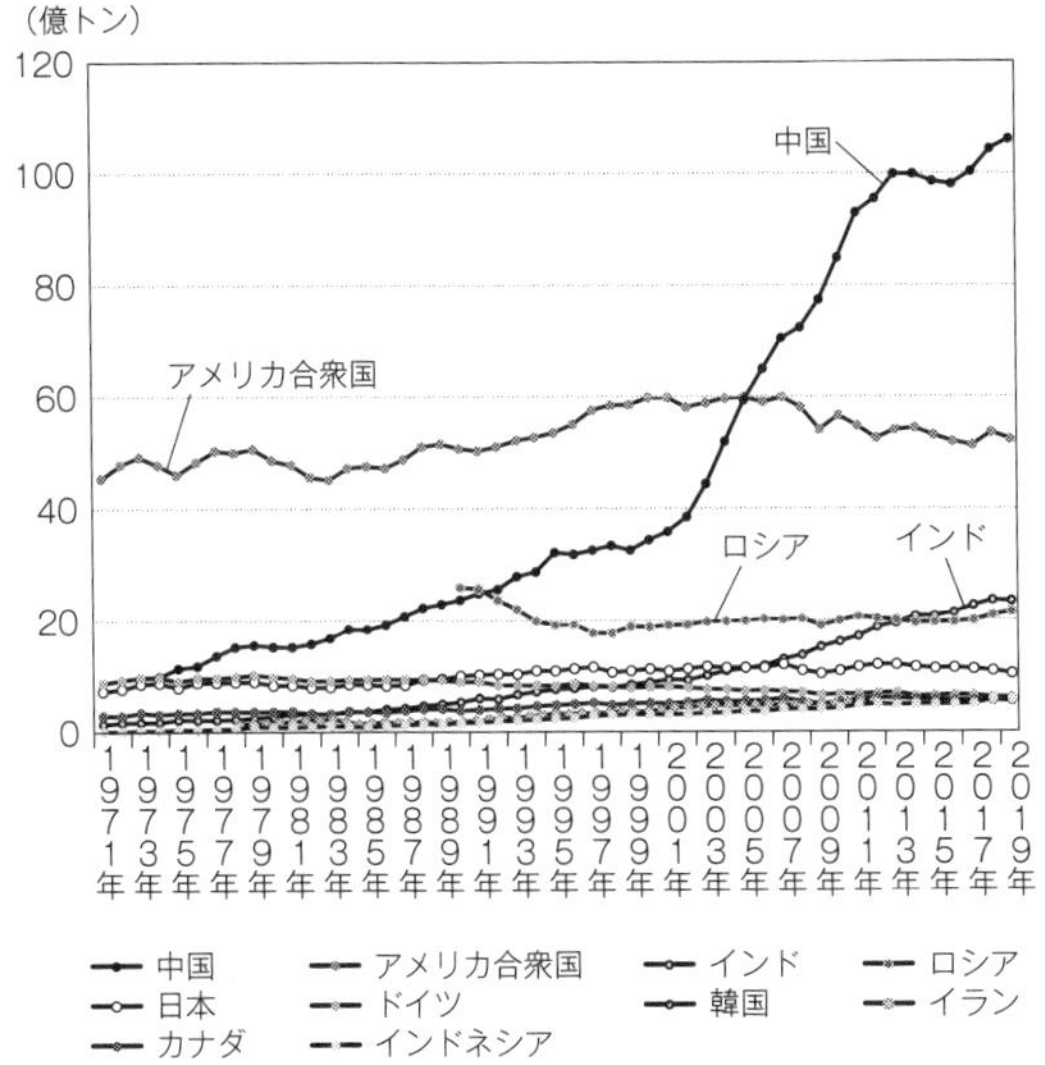

3-12　世界の二酸化炭素の排出量、直近年の上位国（IEA 調べ）

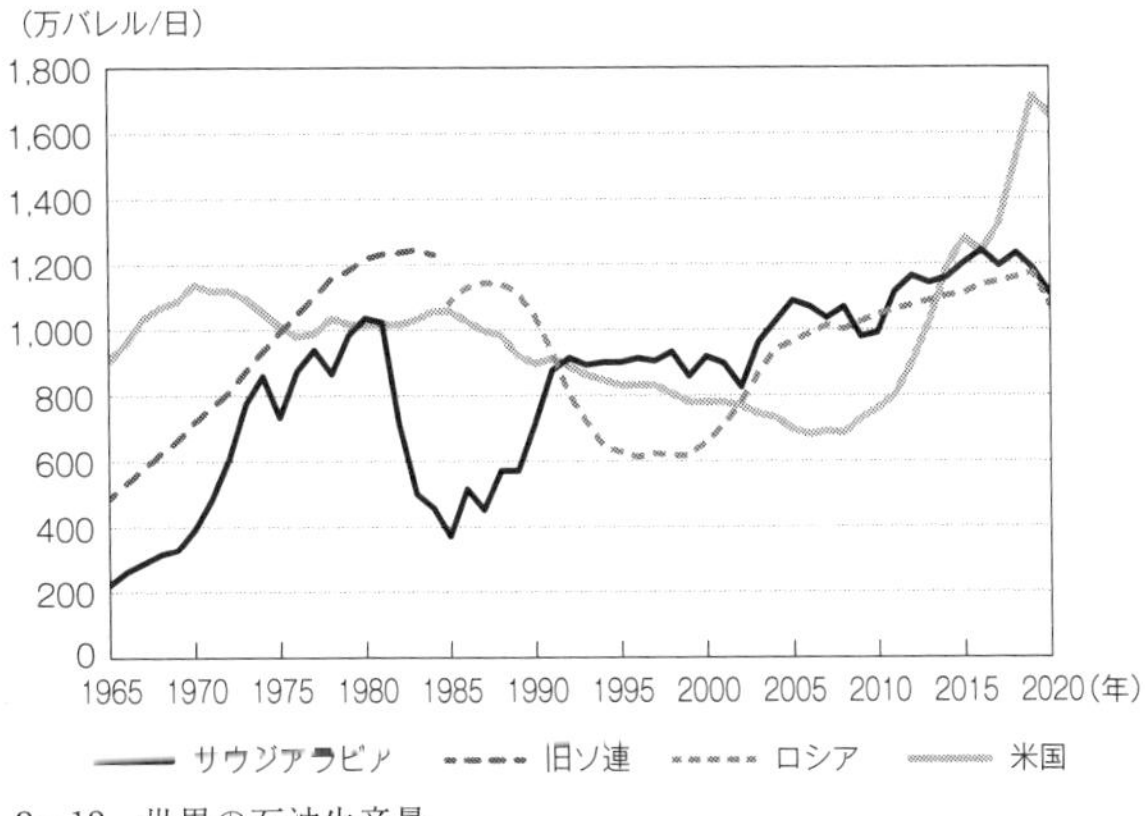

3-13　世界の石油生産量

中東情勢の変化、そしてベネズエラにも影響が

これに対して中東産油国は「シェール」という競合品を市場から排除すべく増産を続けて市場供給量を増やし、石油価格の低下を誘導していきました（3－13参照）。こうして2015年から2016年には大幅な原油価格の下落へとつながり、高コストなアメリカ合衆国のシェール企業は倒産に追い込まれました。ところがアメリカ合衆国が凄《すご》いのは、生き残ったシェール企業は更なる技術革新を進めて採掘コストを低下させ再び増産基調へと向かうことになったのです。転んでもただでは起きない、ピンチをチャンスに変えることができる、それがアメリカ合衆国という国の凄さです。以前の採算ラインは1バレル（石油の場合は42米ガロン＝約159リットル）50～60ドル程度とされていましたが、現在では既存の油田で1バレル25～40ドル程度、新規の開発でも50ドル以下にまでコストが低下しています。2017年以降のこのコスト低減を「第2次シェール革命」と呼ぶ人もいるくらいです。

ちなみにこの時期の石油価格の下落で割を食ったのが南米のベネズエラでした。意外かもしれませんが、ベネズエラは世界最大の石油埋蔵国です。ただ質が悪い上に高コス

2005年	千バレル/日	シェア
カナダ	1,633	16%
メキシコ	1,556	15%
サウジアラビア	1,445	14%
ベネズエラ	1,241	12%
ナイジェリア	1,077	11%
イラク	527	5%
アンゴラ	456	5%
エクアドル	276	3%
アルジェリア	228	2%
クウェート	227	2%
輸入合計	10,126	

2013年	千バレル/日	シェア
カナダ	2,579	33%
サウジアラビア	1,325	17%
メキシコ	850	11%
ベネズエラ	755	10%
コロンビア	367	5%
イラク	341	4%
クウェート	326	4%
ナイジェリア	239	3%
エクアドル	232	3%
アンゴラ	201	3%
輸入合計	7,730	

3-14　アメリカの原油輸入先上位10か国の変化。全体の輸入量は約24%減。ベネズエラからの輸入は40%近く減っている。(エネルギー白書)

トなオリノコタールと呼ばれる石油が中心で、ベネズエラの輸出額の97・6%が原油と石油製品で占められていますから、石油価格が下落すると採算が合わなくなり経済状況が悪化するのです。またベネズエラはアメリカ合衆国とは外交上、断交状態にあるのですが、ベネズエラの最大の輸出相手先はそのアメリカ合衆国でしたが、年々減少傾向にあります。当然アメリカ合衆国は「シェール革命」によって、ベネズエラからわざわざ石油を買う必要がなくなったので、ベネズエラに対してはその反米姿勢に対して経済制裁と称して石油を買わなくなりました(3-14)。

こうしてダブルパンチを受けたのがベネズエラというわけです。もちろん「シェール革命」の影響だけではなくベネズエラ自体の経済政策の失敗があったことは間違いありませんが、いずれにせよベネズエラは経済的苦境から2016年以降の約3年間で国民の約1割にあたる400万人が国外へ脱出し、ハイパーインフレから貧困層が激増してしまいました。

脱化石燃料化が加速

そして2022年2月に始まったウクライナ危機です。これにもシェールは大きく関係しています。これまでドイツをはじめヨーロッパ諸国はロシアの天然ガスに依存してきました（ドイツの天然ガスと石炭は約5割、石油は約3割をロシアからの輸入に依存、2020年）。ところがヨーロッパ各国は自国の天然ガス調達に支障が出ても、ロシアとの関係を絶つ道を選択しました。でもなぜその道を選択できたのか、それはアメリカ合衆国のシェールガスによる天然ガスの供給が約束されたからだと私はみています。シェールガスの生産量は2007年から右肩上がりです（3-15、16参照）。

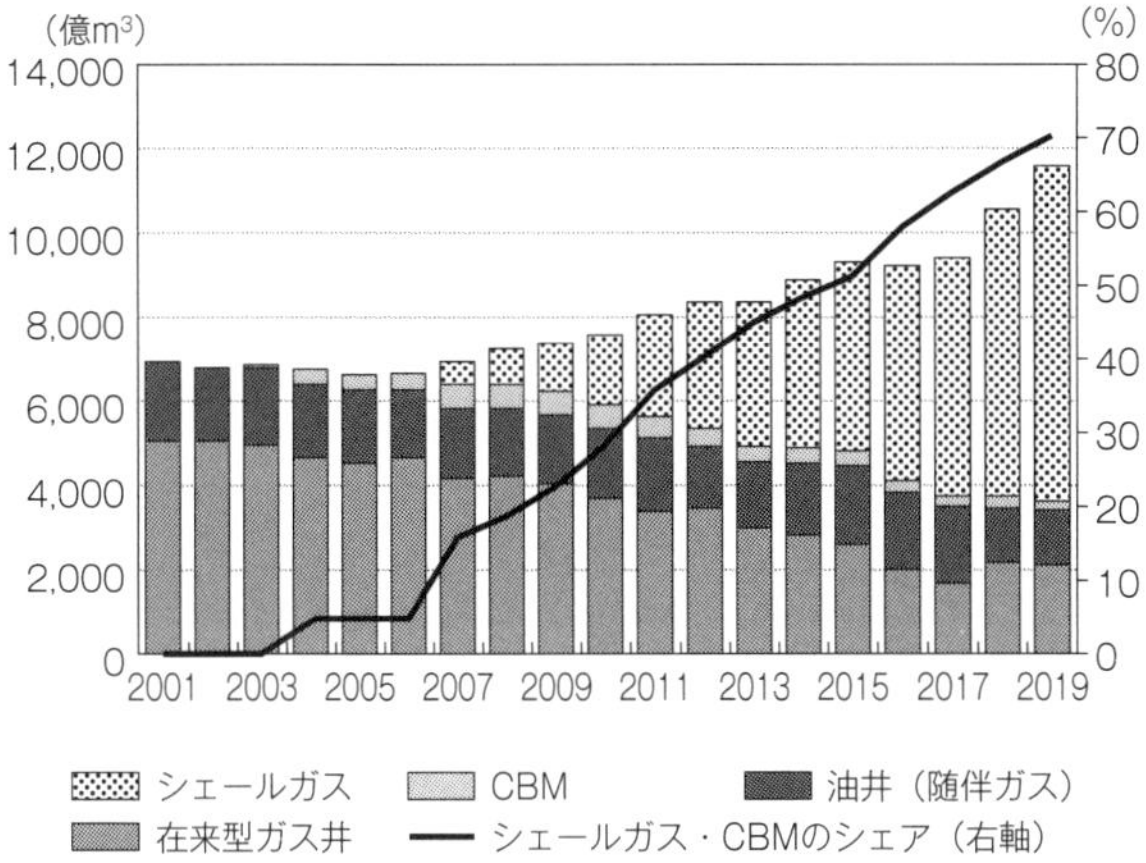

3-15　アメリカの在来型ガス、シェールガス及びCBM生産量。CBMは石炭の生成過程で生じた地下の石炭層中に貯留されたメタンのことで、天然ガスの一種。（エネルギー白書）

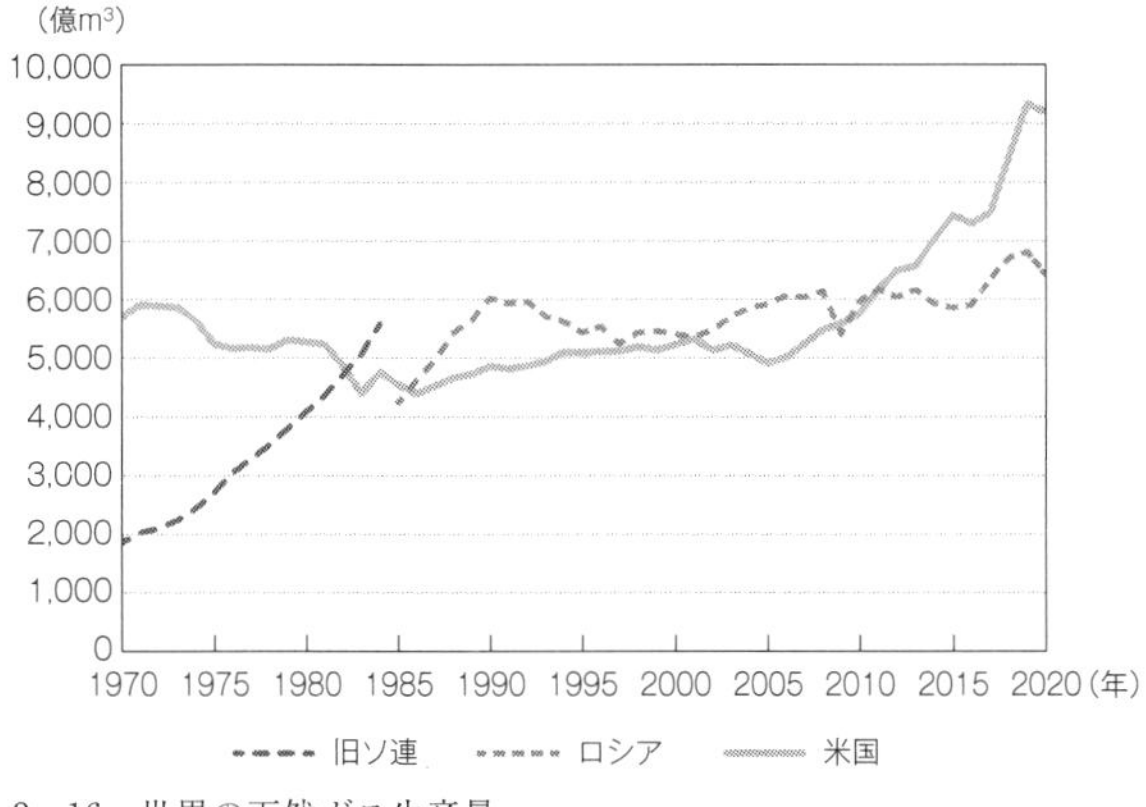

3-16　世界の天然ガス生産量

もちろんロシアからのパイプラインとは違って、天然ガスを液化した上で特殊なLNG（液化天然ガス）船で輸送しなければなりませんから、ヨーロッパ諸国にとっては大きな負担になることは間違いありません。その一方でアメリカ合衆国のシェールガス関連企業は莫大な利益を得ることになるでしょう。穿《うが》った見方をすればアメリカ合衆国のしたたかな側面もあるのではないかと見ることもできるわけです。

いずれはシェールガスやシェールオイルも枯渇する運命にあるわけですが、その頃には太陽光や風力、地熱など再生可能エネルギーに加えて、水素やアンモニアなどのエネルギーの開発が進み、普及段階に入っている……その開発のために必要な莫大な資金を今はシェールで蓄えておこう……と見ることもできるわけです。一方のヨーロッパ諸国はウクライナ危機をきっかけにこれから急速に脱化石燃料を進めて行かざるを得ない状況になったことで、再生可能エネルギーへのシフト、そのための技術革新がヨーロッパでは急速に進んでいくことになるでしょう。

「第1次シェール革命」はおもにアメリカ合衆国の国内供給に大きな影響を与えましたが、ここからの「第2次シェール革命」は海外供給に大きな影響を及ぼすことで、これまで以上に資源産出国の政治や経済の不安定化につながることが増えるかもしれません。そしてアメリカ合衆国やヨーロッパ諸国はこれから強くそしていやが上にも持続可能な道を切り開いていくでしょう。日本は果たして自ら持続可能な道を切り開いていくことができるのか、ここからの10年は日本にとって大きな正念場です。日本に住む私たちはヨーロッパの人々と同様に自らの身を切ってでも次の50年、１００年先の豊かな生活を目指す覚悟があるのか、そのことが問われています。また、持続可能な再生可能エネルギーの普及は、環境と経済の両立だけでなく、世界から対立をなくす恒久平和にもつながることをウクライナ危機から学び、化石燃料に翻弄される世の中に早くピリオドを打たねばなりません。

日本にトウモロコシを押しつける

米中貿易摩擦が大きな問題となっていた２０１９年に、当時のアメリカ大統領であるドナルド・トランプは、「中国が約束を守らないせいで、我々の国にはトウモロコシが余っている。それを、安倍首相（当時）が代表する日本がすべて買ってくれることになった」と発言しました。当時のレートで数百億円分、日本輸入量の3か月分に当たるトウモロコシを、日本は輸入しました。日本のマスコミの一部は、日本では別にトウモロコシの供給に不足は生じていないから日本が肩代わりをするのはおかしいという報道がなされました。確かにその点についてはその通りだと思います。ただ私はその前に米中貿易摩擦で輸出を制限して余ったとされるトウモロコシという点が腑《ふ》に落ちなかったのです。なぜなら中国はそもそも大豆と違ってトウモロコシをアメリカ合衆国から大して輸入していないからです。

2018年のトウモロコシの貿易統計を見てみると、輸出は断トツの第1位がアメリカ合衆国で7006万6000トン、第2位がブラジルで2356万6000トン、第3位がアルゼンチンで2317万9000トンでした。一方、輸入は第1位がメキシコで1709万5000トン、第2位が日本で1581万7000トン、第3位が韓国で1016万6000トン、そして中国のトウモロコシの輸入量はそもそも少なく、第16位の352万2000トンでした。日本の輸入量の3か月分つまり4分の1の量と試算すると395万4000トンですから、たしかに中国の全輸入量の352万2000ト

(単位　千トン)

輸出			
	2018		2018
アメリカ合衆国	70066	南アフリカ共和国	2201
ブラジル	23566	カナダ	2150
アルゼンチン	23179	パラグアイ	1484
ウクライナ	21441	ブルガリア	1419
フランス	4969	セルビア	1315
ロシア	4784	ポーランド	1146
ルーマニア	4611	オランダ	787
ハンガリー	2394	**世界計**	**173647**

輸入			
	2018		2018
メキシコ	17095	(台湾)	4179
日本	15817	アルジェリア	4124
韓国	10166	マレーシア	3836
ベトナム	9702	ペルー	3556
スペイン	9508	ドイツ	3531
イラン	8983	中国	3522
エジプト	6088	サウジアラビア	3010
オランダ	6034	イギリス	2302
イタリア	5755	トルコ	2123
コロンビア	5410	**世界計**	**166666**

3－17　トウモロコシの輸出入（世界国勢図会2021／22）

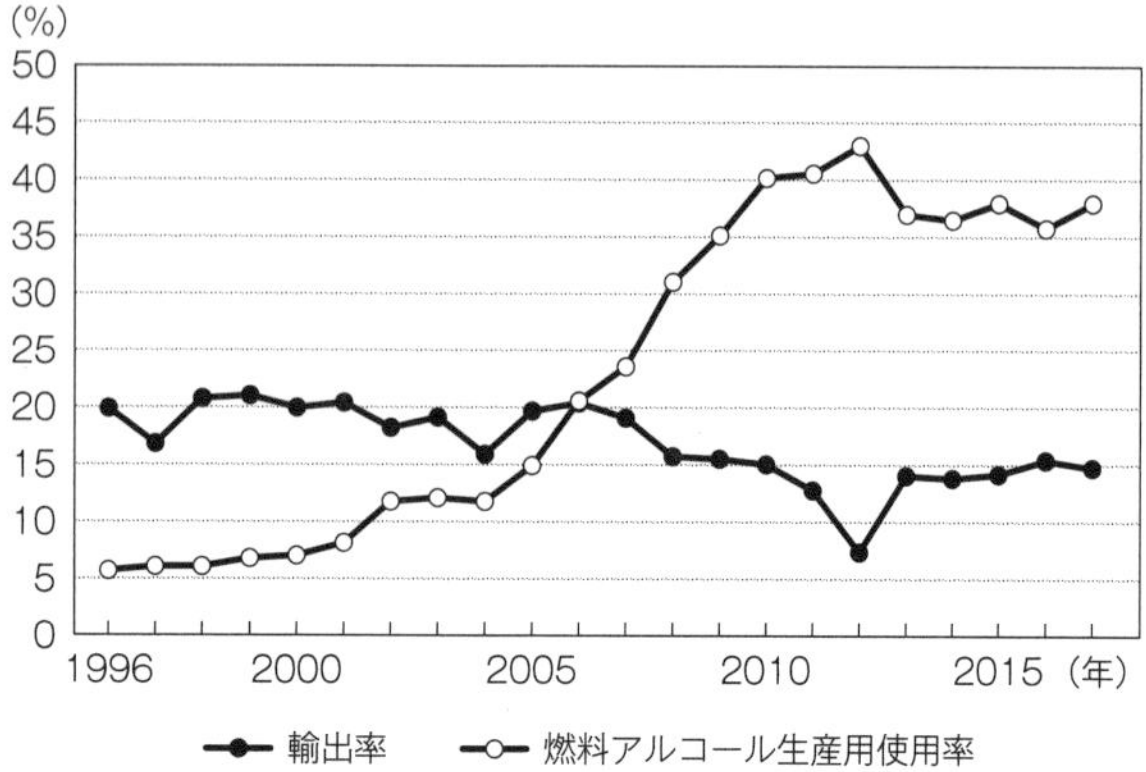

3−18　アメリカ合衆国のトウモロコシの輸出率と燃料アルコール生産用使用率の推移（農水省資料）

ンの値に近いことがわかります。ただもちろん中国はアメリカ合衆国から１００％トウモロコシを輸入していたわけではなく、当時アメリカ合衆国からの輸入はわずか１割程度でしたから、中国のアメリカ合衆国からのトウモロコシの輸入量は３５万２０００トンと試算できます。単純計算ではありますが、見積もり上、日本は３１７万トン（３５２万２０００−３５万２０００トン）も余計に多く輸入していたことになるのです。どのように考えても数字があいません。

　また３−18を見ればわかるとおり、リーマンショックと呼ばれた世界金融危機があった２００８年以降、アメリカ合衆国におけるトウモロコシの輸出率が低下、停滞し、2000年代以降伸びていた燃料アルコール生産用使用率も2010年代には停滞傾向にあったことがわかります。2010年代以降生産が急増したシェールオイルの時期と奇妙にも一致するのです。もしかすると米中貿易摩擦以前から燃料用であるバイオエタノール用のトウモロコシの在庫がだぶついてきていて、米中貿易摩擦にかこつけてトウモロコシ農家を救うために日本に押しつけたのではないかということです。ちなみにアメリカ合衆国のトウモロコシ生産農家は大豆生産も行う農家がほとんどなので、中国向けの大豆が厳しく制限されると彼らは代わりにトウモロコシを作るしかないのです。

誤解されてきた日本の「コンパクトシティ」

少子高齢化と財政難

多くの方がご存じかもしれませんが、現在、日本は世界一高齢者（65歳以上）の割合が高い国です。毎年敬老の日に因《ちな》んで発表される統計があるのですが、２０２１年９月15日現在、総人口に占める65歳以上の割合は29・１％となり、いよいよ30％が目前となりました。次点のイタリアが約23％ですから、日本は５％以上も高く、突出していることがわかります。なぜ本節は「コンパクトシティ」なのに、高齢化の話から始まったのか、それはあとでわかります。

「コンパクトシティ」は、ヨーロッパにおいて地球温暖化への関心とともに１９９０年代に注目されるようになった概念です。背景にあったのは、モータリゼーション（日常生活での自動車の普及）の進行でした。モータリゼーションが進むと、都市郊外（以下、郊外）の開発による森林破壊や自動車の利用による二酸化炭素の排出量の増加へとつながります。そこで郊外へと分散した学校や病院などの公共施設や商業施設を都市中心部（以下、都心部）に集約し、環境負荷が小さい公共交通機関を整備していこうというものです。

日本の「コンパクトシティ」の議論は、ヨーロッパとは少々違った背景があります。モータリゼーションが進んだことは同じなのですが、日本の場合、地価が安価な郊外にショッピングセンターなどの大型商業施設や大規模な新興住宅地が次々に開発されるようになった一方で、都心部の利便性が低い商店街は衰退し、次第に居住者も減少するようになっていきました。また、郊外に居住地域が散った結果、ごみ収集や道路・水道管理などの公共サービスの提供範囲が広がり行政側にとって大きな負担となってきました。つまり日本の「コンパクトシティ」は、都心部の再生と行政の財政負担の軽減のためというものでした。ヨーロッパの「コンパクトシティ」を志向する目的とは異なったものでした。

2000年代に入り日本でも国土交通省を中心に、モータリゼーションが進んだ地方自治体に「コンパクトシティ」を進める動きが活発化していきました。ところが多くの自治体では先例であるヨーロッパの「コンパクトシティ」をそのまま採り入れようとしたため、市民の同意が得られず頓挫しました。「コンパクトシティ」の目的が異なるのに、その真似事ではうまくいくはずがありません。また、地域社会の参加意識が欧米と比べて低い日本では、市民の関心事として「コンパクトシティ」を志向する意味を見いだすことは難しかったのです。

ところが2010年代に入ると、日本で再び、いやようやく本腰で「コンパクトシティ」を始めようとする自治体が増えてきます。それが高齢化の深刻化でした。

消滅可能性都市から持続可能な都市の実現へ向けて

ひとつ大きなきっかけとなったのが「消滅可能性都市」の発表でした。「消滅可能性都市」とは、民間の有識者でつくる日本創成会議が全国の市区町村別に2010年から30年間の人口の移動を推計した場合、行政や社会保障の維持、雇用の確保などが困難になるとみられる自治体です。具体的には、人口の再生産力を担う出産可能年齢の95%にあたる若年女性人口（20～39歳）が2010年と比べて2040年に50％以下に減る自治体と定義しました。この定義によると、2040年には全国1800市区町村のうち49・8％にあたる896市区町村が消滅の危機に直面することになります。この中には池袋という大ターミナル駅を抱える東京都豊島区も含まれていました。確かにこのような単純な定義で、しかも「消滅」という表現から、それに対して異を唱える自治体や人々もいました。しかしその一方でこれを機に真剣に「少子高齢化」という問題に向き合う自治体も明らかに増えました。こうして日本独自の「コンパクトシティ」を志向する動きが活発化してきました。

そしてもうひとつ日本独自の「コンパクトシティ」を志向する理由、それが自然災害です。日本は国土の約3分の2を山地や丘陵地が占めており、ヨーロッパと比べて可住地面積の割合が極端に低い国です（3-19参照）。水を得やすい限られた土地に人々が高密度に住んでいます。日本は地震、津波、火山、洪水、土砂災害などさまざまな自然災害のリスクを抱えています。とくに近年の地球温暖化による極端現象から洪水や土砂災害が頻発しており、その被害地域も拡大しています。また、都市化の進展も自然災害の

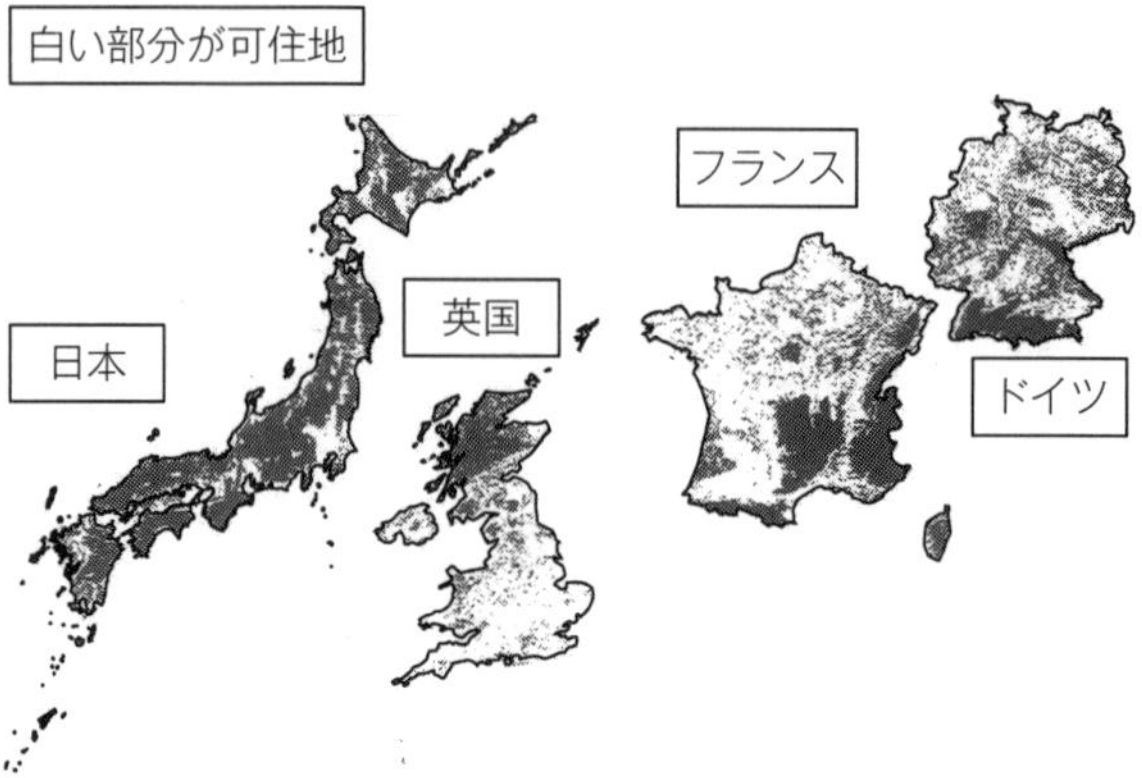

3－19　国土が抱える災害リスク　ドイツは日本と同程度の国土面積であるが2倍以上の可住地面積を有している。この図での非可住地は標高500m 以上の山地および現況の土地利用が森林、湿地などで開発しても居住に不向きな土地利用の地域。（地球地図データより国土地理院作成）

被害地域を拡大させています。これまで日本では先人から学び、自然災害の被害が少ない土地を選んで人々は生活をしてきました。

しかし、教育機会や就業機会に恵まれる都市へと人々が集中するようになった結果、自然災害リスクが極めて高い低地や傾斜地にも土地が造成されるようになってきました。こういった土地はこれまでは新興住宅地としての開発が中心でしたが、近年は急速な高齢化や核家族化の影響から安く土地を確保できるとの魅力もあって、老人ホームや介護施設の造成が急増しているのです。

ニュースの映像などで老人ホームや介護施設が被害にあっている様子が報道されますが、入居者が一人では避難困難だったからだけでなく、被害に遭いやすい土地に造成していることの表れでもあるのです。こういった自然災害の防災・減災の観点からも、政府や自治体が自然災害リスクの高い土地の開発・造成を規制し、自然災害リスクの低い土地へ立地誘導を進めていけば、結果として「コンパクトシティ」になっていくのです。ようやくここに来て、日本で「コンパクトシティ」を推進する流れができあがった感があります。

こういった流れを国土交通省はくみ取り、「コンパクトシティ」を推進するにあたり、これまでの「コンパクト＋ネットワーク」（3‐20参照）という「コンパクトシティ」の概念の中に、これまでなかった「防災」という観点を入れました。また、近年水による被害が大きかった17都市を「防災コンパクト先行モデル都市」に指定しました（2020年末時点）。

世界一の高齢国の日本のさまざまな課題は、今後すべての国や地域で経験することに

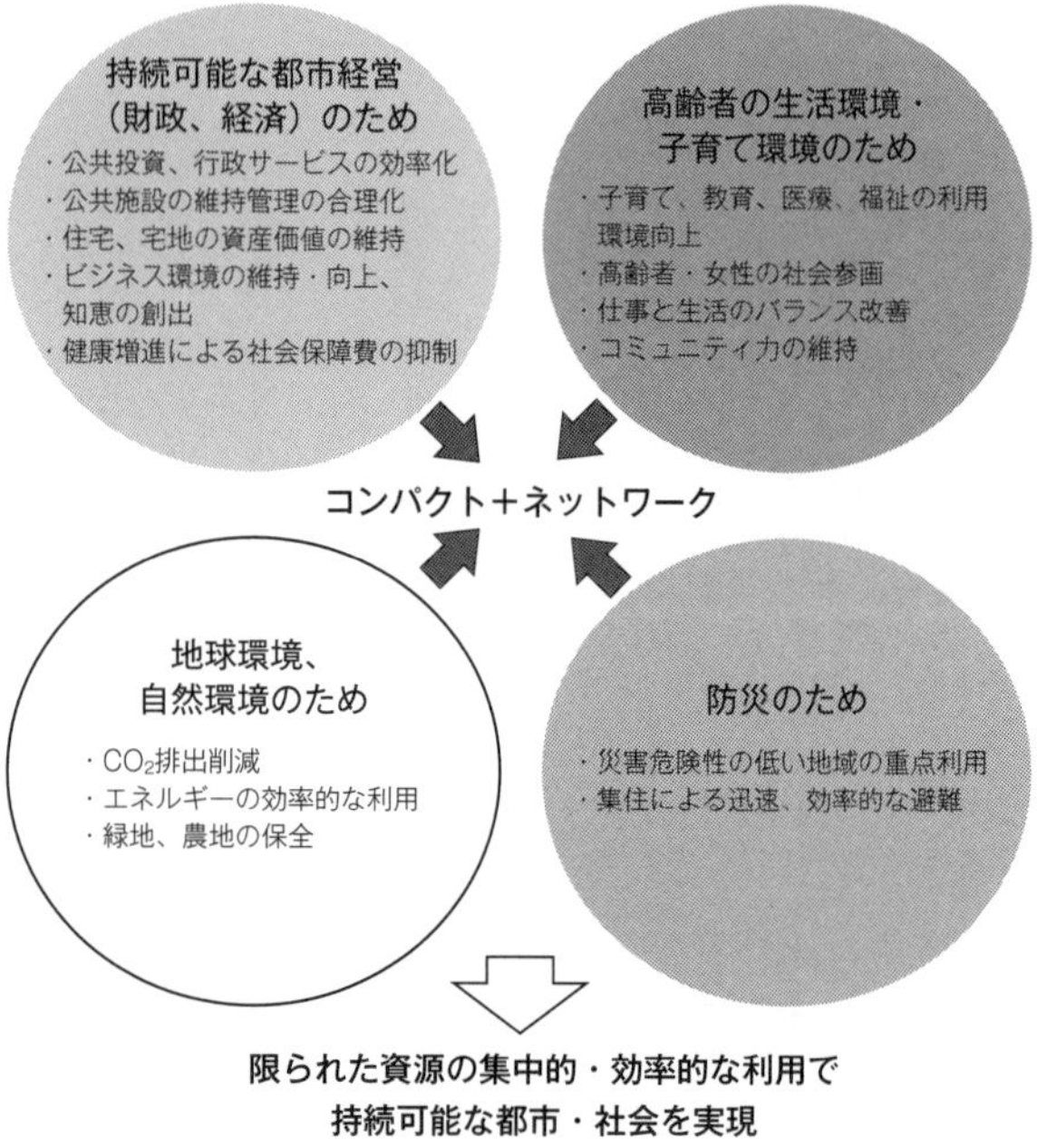

3-20　日本独自の取り組み、コンパクト＋ネットワークの考え方。
(「コンパクトシティの形式に向けて」国土交通省)

なります。近い将来、日本の多くの自治体が環境、経済、社会が一体となった持続可能な都市として世界中から注目されるようになっていることを期待したいものです。

電気自動車は善か悪か

環境に良ければいいのか

電気自動車は、何を起源にした電力を電気エネルギーとして使うかが重要になると言われています。確かに化石燃料を燃やして発電した電力を用いて電気自動車を充電するのであれば、温室効果ガスである二酸化炭素の排出量は増えます。究極のエコカーと呼ばれる水素を燃料とする燃料電池車でも同じことが言えます。第1章で示しましたが、水素の製造法には、天然ガスなどの化石燃料から製造する「グレー水素」、その「グレー水素」の製造過程で排出された二酸化炭素を回収する「ブルー水素」、再生可能エネルギーで製造された「グリーン水素」、原子力発電で製造された「イエロー（ピンク）水素」などがあります。もちろんこの中では「ブルー水素」または「グリーン水素」を用いるのが望ましいことになります。また自動車の製造工程や輸送過程においても、化石燃料を使用しているかどうかということは重要になってきます。これらのすべての過程を評価することを、ライフサイクルアセスメントと言います。ライフサイクルアセスメントで電気自動車が満点の評価を得るには、技術面とコスト面の問題を乗り越えなくてはなりません。

ただこのような環境対策の視点で見るだけでは片付かない問題が電気自動車にはあるのです。それは「人」の存在です。自動車の生産工程の中で、とくに熟練工の存在が欠かせないとされているのが、内燃機関いわゆるエンジンの組み立て工程です。ところが自動車の動力源が内燃機関から電気モーターに代わると、熟練工は必要なくなります。スマホやタブレット、パソコンと全く同じとは言わないまでも、電気自動車になれば部品の点数が大幅に削減されるため、組み立てだけでなく開発設計にかかる時間も大幅に短縮されます。専門職でないとメンテナンスができなかったエンジンは、電気モーターになればソフトウェアの更新だけでメンテナンスやバージョンアップも可能です。スマホやタブレットなどの製造を行う企業やソフトウェア開発企業が電気自動車市場に進出しようとしてくるのも頷《うなず》けます。

地球のために人が犠牲になる!?

自動車は一般に1人当たりGDPが3000ドルを超えると急速に普及するとされています。確かに日本も高度経済成長期を迎えていた1964年に初めて1人当たりGDP（名目）が3000ドルを超え、その後急速に自動車が普及しました。これから世界の多くの国々がその3000ドルを超えるようになると、自動車需要は今後ますます伸びていくことになります。そうなれば、ますます環境対策が必要不可欠ですし、そこにビジネスチャンスがあるわけですから、こぞって世界的企業が電気自動車市場に進出してくるわけです。さらにこれらの企業はその先の自動運転という巨大市場を見据えています。自動運転にはビッグデータをもとにしたデータ分析とAI技術が欠かせません。こうなると自動車メーカーよりICT企業の方が競争力は上です。次第に自動車は、ハードからソフトへと技術の中心が移行していくことになります。これまで自動車市場を独占してきた自動車会社にとっては、生き残りをはかるためのリストラは不可避というわけです。

環境面ばかりが強調される電気自動車ですが、その裏ではリストラが着々と進められているということを私たちは知っておく必要があります。もちろん各自動車メーカーは、職業訓練で新たな雇用機会を創出すると言っていますが、優秀な自動車の組立工がいくら職業訓練を受けたからといって優秀なソフトウェア技術者になれるかと言えば、それは現実問題として厳しいものがあるでしょう。

ここに環境重視のエリート市民と一般市民との「分断」を見るような気がしてなりません。この10年、アメリカ合衆国で顕在化した国民の「分断」と同じことが、自動車産業が盛んなドイツや日本でも起こりうる可能性があります。自動車産業は上述のとおり他の製造業と比べて部品の点数が多く、極めて裾野の広い産業で多くの雇用を生み出してきました。

日本では約500万人が自動車関連産業に従事しており、日本の全就業者の約1割にあたる数です。電気自動車では既存の自動車と比べ部品数が約3分の2で済むとされますから、単純計算はできないものの、少なくとも数十万人の雇用が失われるでしょう。そうなれば、これまで自動車産業で栄えてきた日本の都市も衰退は免れません。

かつて自動車産業で栄えたアメリカ合衆国のデトロイトと同じ道を辿《たど》る日本やドイツの都市も出てくるでしょう。かつて世界のモーターシティとして隆盛を極めたデトロイトは、第二次世界大戦後には約180万人の人口を抱えていました。しかしその後、日本の自動車メーカーの台頭や排ガスの環境規制に乗り遅れた結果、デトロイトの自動車産業は衰退の一途を辿ります。大量の失業者が発生し、それとともに治安は悪化し、その悪化を避けるように人々は他の都市へ移住していきました。2010年代には人口は70万人にまで減少し、2013年にデトロイトは財政破綻しました。

地球を持続可能にするためには、一部の人間は持続可能でなくても仕方がないとする、エリート層の能力主義的発想を優先するのか、それとも別の道を模索していくのか、私たちにも電気自動車の普及という中で難しい選択が迫られています。

あとがき

新型コロナウイルスの蔓延《まんえん》、ロシアのウクライナへの軍事侵攻……など、常に世界は様々な地球的課題と戦い続けています。これからも地球的課題は地球が続く限り、そして人類が続く限り、無くなることはないでしょう。

本書は実際に地理で扱っているＳＤＧｓに関する内容を書き下ろしたわけですが、これはＳＤＧｓについての一部に過ぎませんし、内容も日々刻々と変化しています。若い読者の皆さんであれば、私以上に様々なツールを使って、もっと積極的にＳＤＧｓについて深く学んでいくことができるでしょう。

ただ一つ気をつけてほしいのは、ＳＤＧｓに関する話が「雑学クイズ」では終わってほしくないということです。そのためには、常にアンテナを張ってＳＤＧｓに関する情報を集め、その課題解決につながるための問題点を多角的・多面的な視点からあぶり出していってほしいのです。そのときに本書で学んだＳＤＧｓの内容と共通していたり、類似していたりすることが多い点に気がついてもらえたら、それほど嬉《うれ》しいことはありません。

　最後に本書の執筆にあたりお声がけくださり、また粘り強く原稿を待ってくださった編集担当の鶴見智佳子さんには心から御礼申し上げます。

　ひとまず私は２０３０年のＳＤＧｓの目標達成に向けて、地理を通してＳＤＧｓを全力で伝えていきます！

図版トレース　朝日メディアインターナショナル

ちくまプリマー新書

047
おしえて！ ニュースの疑問点
池上彰
ニュースに思う「なぜ？」「どうして？」に答えます。今起きていることにどんな意味があるかを知り、自分で考えることが大事。大人も子供もナットク！の基礎講座。

064
民主主義という不思議な仕組み
佐々木毅
誰もがあたりまえだと思っている民主主義。それは、本当にいいものなのだろうか？ この制度の成立過程を振り返りながら、私たちと政治との関係について考える。

143
国際貢献のウソ
伊勢﨑賢治
国際NGO・国連・政府を30年渡り歩いて痛感した「国際貢献」の美名のもとのウソやデタラメとは。思い込みを解いて現実を知り、国際情勢を判断する力をつけよう。

239
地図で読む「国際関係」入門
眞淳平
近年大きな転換期を迎えていると言われる国際関係。その歴史的背景や今後のテーマについて、地図をはじめ豊富な資料を使い読み解く。国際情勢が2時間でわかる。

256
国家を考えてみよう
橋本治
国家は国民のものなのに、考えるのは難しい。日本の国の歴史をたどりつつ、考えることを難しくしている理由を探る。考え学び続けることの大切さを伝える。

ちくまプリマー新書

ちくまプリマー新書

270 「今、ここ」から考える社会学　好井裕明
私たちがあたりまえと思って過ごしている日常を社会学を使って見つめ直してみよう。疑いの目を向けることで新しい世界の姿が浮かびあがってくる。

359 社会を知るためには　筒井淳也
なぜ先行きが見えないのか？　複雑に絡み合う社会を理解するのは難しいため、様々なリスクをうけいれざるを得ない。その社会の特徴に向き合うための最初の一冊。

367 地方を生きる　小松理虔
いま地方にこそ可能性が広がっている。これまでと違った視点でみれば、新たな魅力と課題が浮かんでくる。仕事、暮らし、苦労などローカルな生き方をお伝えします。

386 「日本」ってどんな国？——国際比較データで社会が見えてくる　本田由紀
家族、ジェンダー、学校、友人、経済・仕事、政治・社会運動について世界各国のデータと比較し、日本がどんな国か考えてみよう。今までの「普通」が変わるかも⁉

080 「見えざる手」が経済を動かす　池上彰
市場経済は万能？　会社は誰のもの？　格差問題の解決策は？　経済に関するすべてのギモンに答えます！「見えざる手」で世の中が見えてくる。待望の超入門書。

ちくまプリマー新書

205 「流域地図」の作り方 ——川から地球を考える　岸由二

近所の川の源流から河口まで、水の流れを追って「流域地図」を作ってみよう。「流域地図」で大地の連なり、水の流れ、都市と自然の共存までが見えてくる！

319 生きものとは何か ——世界と自分を知るための生物学　本川達雄

生物の最大の特徴はなんだろうか？　地球上のあらゆる生物は様々な困難（環境変化や地球変動）に負けず子孫を残そうとしている。生き続けることこそが生物⁉

335 なぜ科学を学ぶのか　池内了

科学は万能ではなく、限界があると知っておくことが重要だ。科学・技術の考え方・進め方には一般的な法則がある。それを体得するためのヒントが詰まった一冊。

347 科学の最前線を切りひらく！　川端裕人

複雑化する世界において、科学は何を解明できるのか？古生物、恐竜、雲、サメ、マイクロプラスチック、脳など各分野をリードする六名の科学者が鋭く切り込む。

247 笑う免疫学 ——自分と他者を区別するふしぎなしくみ　藤田紘一郎

免疫とは異物を排除するためではなく、他の生物との共生のための手段ではないか？　その複雑さから諸刃の剣とも言われる免疫のしくみを、一から楽しく学ぼう！

ちくまプリマー新書

274 正しく怖がる感染症　岡田晴恵
エボラ出血熱、ジカ熱、結核、梅毒、風疹……。感染症はいつも身近にある危機だ。感染経路別に整理をしたリテラシーを身につけ、来る脅威に備えよう。

343 どこからが病気なの？　市原真
病気と平気の線引きはどこにあるのか？　病気のアラームとは何か？　かぜと肺炎はどう違う？　人体と病気の仕組みについて病理医ヤンデル先生がやさしく解説。

067 いのちはなぜ大切なのか　小澤竹俊
いのちはなぜ大切なの？——この問いにどう答える？子どもたちが自分や他人を傷つけないために、どんなケアが必要か？　ホスピス医による真の「いのちの授業」。

134 教育幻想
——クールティーチャー宣言　菅野仁
学校は「立派な人」ではなく「社会に適応できる人」を育てる場。理想も現実もこと教育となると極端に考えがち。問題を「分けて」考え、「よりマシな」道筋を探る。

283 「いじめ」や「差別」をなくすためにできること　香山リカ
いじめはどのように始まるのか？　なぜいじめや差別はいけないのか。見たら、受けたらどうするか。心に深い傷を残すこれらの行為への対処法を精神科医が伝授する。

ちくまプリマー新書

285 人生を豊かにする学び方　汐見稔幸

社会が急速に変化している今、学校で言われた通りに勉強するだけでは個人の「学び」は育ちません。本当の「学び」とは何か。自分の未来を自由にするための一冊。

295 平和をつくるを仕事にする　鬼丸昌也

ウガンダやコンゴでの子ども兵への社会復帰支援などを資金ゼロ、人脈ゼロから始めたNGO代表が語る、今世界で起きていること。そして私たちにもできること。

383 学校の役割ってなんだろう　中澤渉

忙しすぎる教員、授業への不満、役に立つ教育の要望。学校の様々な課題の背景を理解するために、あらためて学校はなぜあるのか、そして社会との関係を問いなおす。

401 学校はなぜ退屈でなぜ大切なのか　広田照幸

「道徳は教えられるか」「学校の勉強は仕事に役立つか」「教育は格差を解消できるか」「AI社会で教育は変わるか」――広い視点と多様な角度からとらえなおす。

391 はじめて学ぶ環境倫理――未来のために「しくみ」を問う　吉永明弘

エコで環境はよくなるのか？　なぜ生物の絶滅はダメなのか？　つくられた自然は偽物か？　身近な環境の疑問から未来に関わる問題まで、考えるヒントを教えます。

ちくまプリマー新書

258 戦争とは何だろうか　西谷修
戦後70年が過ぎ戦争の記憶が薄れかけている今、実は戦争は近づいてきている。どのように国や国民は巻き込まれていくのだろう？　戦争とは何かを考える一冊。

282 歴史に「何を」学ぶのか　半藤一利
「いま」を考えるための歴史へのアプローチ！　歴史探偵への目覚め、天皇退位問題の背景、アメリカの現在と過去……未来へ向けた歴史の学び方を語り尽くす。

314 歴史を知る楽しみ ——史料から日本史を読みなおす　家近良樹
歴史を学ぶことは昔の出来事を暗記することじゃない！　教科書を飛び出し歴史学の世界へ。幕末史の第一人者が意外な史実満載で贈る、とっておき歴史の楽しみ方。

410 歴史学のトリセツ ——歴史の見方が変わるとき　小田中直樹
歴史って面白い？　つまらないならその理由を探るべく、歴史学の流れを振り返ろう。事実、記憶、視野の大小など、その変化を知れば、歴史の考え方が変わるはず。

162 世界の教科書でよむ〈宗教〉　藤原聖子
宗教というとニュースはテロや事件のことばかり。子どもたちは学校で他人の宗教とどう付き合うよう教えられているのか、欧米・アジア9か国の教科書をみてみよう。

ちくまプリマー新書

238
おとなになるってどんなこと？
吉本ばなな
勉強しなくちゃダメ？　普通って？　生きることに意味はあるの？　死ぬとどうなるの？　人生について、生まれてきた目的について吉本ばななさんからのメッセージ。

266
みんなの道徳解体新書
パオロ・マッツァリーノ
道徳って何なのか、誰のために必要なのか、副読本を読んでみたら……。つっこみどころ満載の抱腹絶倒の話、意味不明な話、偏った話満載だった⁉

226
何のために「学ぶ」のか
――〈中学生からの大学講義〉1
外山滋比古／前田英樹／今福龍太
茂木健一郎／本川達雄／小林康夫
鷲田清一
大事なのは知識じゃない。正解のない問いを、考え続けるための知恵である。変化の激しい時代を生きる若い人たちへ、学びの達人たちが語る、心に響くメッセージ。

227
考える方法
――〈中学生からの大学講義〉2
永井均／池内了／管啓次郎
萱野稔人／上野千鶴子／若林幹夫
古井由吉
世の中には、言葉で表現できないことや答えのない問題がたくさんある。簡単に結論に飛びつかないために、考える達人が物事を解きほぐすことの豊かさを伝える。

228
科学は未来をひらく
――〈中学生からの大学講義〉3
村上陽一郎／中村桂子／佐藤勝彦
高薮縁／西成活裕／長谷川眞理子
藤田紘一郎／福岡伸一
宇宙はいつ始まったのか？　生き物はどうして生きているのか？　科学は長い間、多くの疑問に挑み続けている。第一線で活躍する著者たちが広くて深い世界に誘う。

ちくまプリマー新書

229
揺らぐ世界
——〈中学生からの大学講義〉4
立花隆／岡真理／橋爪大三郎
森達也／藤原帰一／川田順造
伊豫谷登士翁

紛争、格差、環境問題……。世界はいまも多くの問題を抱えて揺らぐ。これらを理解するための視点は、どうすれば身につくのか。多彩な先生たちが示すヒント。

230
生き抜く力を身につける
——〈中学生からの大学講義〉5
大澤真幸／北田暁大／多木浩二
宮沢章夫／阿形清和／鵜飼哲
西谷修

いくらでも選択肢のあるこの社会で、私たちは息苦しさを感じている。既存の枠組みを超えてきた先人達から、見取り図のない時代を生きるサバイバル技術を学ぼう！

305
学ぶということ
——続・中学生からの大学講義1
桐光学園＋
ちくまプリマー新書編集部編

受験突破だけが目標じゃない。学び、考え続ければ重い扉が開くこともある。変化の激しい時代を生きる若い人たちへ、先達が伝える、これからの学びかた・考えかた。

306
歴史の読みかた
——続・中学生からの大学講義2
桐光学園＋
ちくまプリマー新書編集部編

人類の長い歩みには、「これから」を学ぶヒントがいっぱいつまっている。その読み解きかたを先達に学び、君たち自身の手で未来をつくっていこう！

307
創造するということ
——続・中学生からの大学講義3
桐光学園＋
ちくまプリマー新書編集部編

技術やネットワークが進化した今、一人でも様々なことができるようになってきた。新しい価値観を創る力を身につけて、自由な発想で一歩を踏み出そう。

ちくまプリマー新書413

SDGsは地理《ちり》で学《まな》べ

二〇二二年十月十日　初版第一刷発行

著者　宇野仙（うの・たける）

装幀　クラフト・エヴィング商會

発行者　喜入冬子

発行所　株式会社筑摩書房
東京都台東区蔵前二-五-三　〒一一一-八七五五
電話番号　〇三-五六八七-二六〇一（代表）

印刷・製本　中央精版印刷株式会社

ISBN978-4-480-68437-0 C0225 Printed in Japan